股价潜结构
买卖点玄机解密

姚简明 ◎ 著

四川人民出版社

图书在版编目（CIP）数据

股价潜结构：买卖点玄机解密/姚简明著. —成都：四川人民出版社，2019.7
ISBN 978-7-220-11369-7

Ⅰ.①股… Ⅱ.①姚… Ⅲ.①股票价格-价格结构-基本知识 Ⅳ.①F830.91

中国版本图书馆CIP数据核字（2019）第081021号

GUJIA QIAN JIEGOU MAIMAIDIAN XUANJI JIEMI
股价潜结构：买卖点玄机解密
姚简明　著

策划组稿	何朝霞
责任编辑	张东升
版式设计	戴雨虹
封面设计	李其飞
责任校对	申婷婷
责任印制	王　俊

出版发行	四川人民出版社（成都槐树街2号）
网　　址	http://www.scpph.com
E-mail	scrmcbs@sina.com
新浪微博	@四川人民出版社
微信公众号	四川人民出版社
发行部业务电话	（028）86259624　86259453
防盗版举报电话	（028）86259624
照　　排	四川胜翔数码印务设计有限公司
印　　刷	四川机投印务有限公司
成品尺寸	185mm×260mm
印　　张	12.5
字　　数	160千
版　　次	2019年7月第1版
印　　次	2019年7月第1次印刷
书　　号	ISBN 978-7-220-11369-7
定　　价	49.00元

■版权所有·侵权必究
本书若出现印装质量问题，请与我社发行部联系调换
电话：（028）86259453

前言

技术分析有三大基本假设：其一，市场行为包容消化一切；其二，价格以趋势方式演变；其三，历史会重演。

根据我的长期观察，第二点，即价格以趋势方式演变，可以改为价格以结构方式演变。至少，我自己的技术分析建立在此观点之上。我认为，结构包含了趋势。

价格的结构是多层次的，有比较容易观察到的外在结构，也有较难发现的内在结构。我在十多年前发现了重要的内在结构，这些结构稳定而顽强地潜藏在各周期、各级别的价格波动之中。

我发现的这些内在结构，是二进制和三进制，即某一级别的价格波动都是由小其一个级别的两段或三段数值相近的同向波动构成的，而当趋势向前推进时，价格以"合二（三）而一"模式或"一分为二（三）"模式推进。

现实中的价格现象是二进制和三进制混合杂糅的外在表现，因此，价格现象不可能仅仅呈现理想状态的二进制或三进制特征。因为价格现象一时对应不上理想状态而放弃内在结构，无异于因噎废食。复杂的外在表象也可以总结出一些结构模式即外在结构。外在结构是沟通现象与内在结构之间的桥梁。而以内在结构为根基进行的技术分析更加坚实可靠，更容易得出靠谱的结论。

本书案例涵盖中国的Ａ股以及国际市场的黄金、外汇等，这些案例既有十多年前的，也有最近几年刚刚发生的，这足以说明内在结构不管在哪个市场、在什么时段都有着极高的稳定性和可靠性。

我把对内部结构的理解总结为二进制波动原理，该理论以二进制为主，三进制为辅。我认为，虽然三进制出现的频率也很高，但确立二进制的主导地位能使分析的过程有一个稳定的基点。

该理论曾在2009年四川人民出版社出版的《高抛低吸——"二进制"波动原理及其应用》一书中向读者介绍。此次在该书的基础上充实完善了理论及应用层面的内容，使二进制波动原理更有可操作性。2009年，我在书的前言中写道"我越深入研究二进制，越为它的魅力所折服！"十年之后的今天，我仍然因它的魅力而激动……

二进制波动原理核心观点：

第一，二进制和三进制是一切价格波动的内在模式；

第二，价格波动表象的复杂多端，是内在的二进制和三进制混合形成的外在表现。

本书基于以上的观点而展开！

"二段等值""合二而一""一分为二"是二进制的基本模式，"三段等值"是三进制的基本模式，这是其他价格模式形成的基础，是价格波动潜藏的内在结构模式。本书第一章，主要介绍这些基本模式。

二进制和三进制的基本模式在不同周期、不同层次上的混合产生出丰富多彩的价格波动现象，这些现象除了体现出前述的基本模式之外，还体现为趋势类的特定组合——"泛五浪模式"以及均衡态与失衡态互相转换的牛角模型。本书第二章和第三章将对它们分别展开探讨。

二进制波动原理认为，调整段和趋势段的内在模式结构没有分别，但是一个调整段会调整到什么位置，仍是我们关心的重要课题。毕竟调整结束，意味着某一级别逆转行情的开始，是持仓出局以及逆向开仓的首要考虑因素。本书第四章，将展示调整段的部分研究成果，帮助读者提高进出场的准确度。

本书第五章，主要探讨如何从不同的角度应用二进制波动原理及前述的相关研究成果。在第一节中，我们首先探讨，在常规的买卖点方面，如何运用这些研究成果，从而使买点有更高的成功率，卖点更加合理、及时。主升浪是股票走势最高效的赢利区域，掌握牛角模型，把握均衡态向失衡态转换的关键节点，就能"扼住主升浪的咽喉"，第二节对此展开探讨。相当部分的主升浪在运行过程中会出现一些具有标志性的中继形态，第三节中介绍的螺旋桨形态便是这种中继形态的典型代表，掌握这种形态，就有望把握相当部分的主升浪的第二波大涨行情！经验表明，一只股票，如果处在炒作的风口之下，更容易实现它的理论上涨目标，正所谓"好风凭借力，送我上青云"。第四节，将对此进行讨论。上涨趋势的调整有时候会用若干天运行第一波调整，然后再用一根大震荡的K线完成第一波调整之后的反弹及反弹之后的第二波调整，这显示，调整结构加速完成，随之而来的将是多头的快速反扑，因此，这是短线安全、高效赢利的好机会，第五节，将为你介绍这种机会模式。

本书第六章第一节至第四节，将展示应用二进制波动原理及相关研究成果所做的一些研判案例。读者可以从其中得到如何应用本书理论进行交易的一些启示！一个完整的投资方法有三大基本任务：其一为低风险捕捉价格转折点，其二为低误差识别价格转折点的性质，其三为充分利用可能发生的趋势行情。第五节的综合战例，将详细解说如何运用二进制波动原理在实际操作中系统地完成这三大基本任务。

本书对于一个波段的表示方式，将不称其为"波"或"浪"，而称"段"，以示与以往的分析方式有所区别。而对于不同级别的"段"的区分，则以"小段—中段—大段—特大段"的表示方式予以界定，其中：

第一小段用 a 表示，第二小段用 b 表示；

第一中段用 A 表示，第二中段用 B 表示；

第一大段用 A′ 表示，第二大段用 B′ 表示；

第一特大段用 A″ 表示，第二特大段用 B″ 表示……

若有更多层级的需要，有时需要推延至小段之下——微段，特大段之上——超大段……

其中：

第一微段用（a）表示，第二微段用（b）表示；

第一超大段用（A″）′ 表示，第二超大段用（B″）′ 表示。

由于价格模式在不同层级上均相似，因此，一个"段"属于何种级别，只是相对于其他"段"而言，难以也不需要严格限定。实际运用中主要以"小段—中段—大段—特大段"这四个基本级别表示，一般不需要作太多的延伸。

现在，让我们进入二进制波动原理的神奇世界……

目录

第一章 价格波动的内在机理——二进制波动原理

第一节 "二段等值""合二而一"价格模式 …………………… 003

第二节 "一分为二"价格模式 …………………………………… 012

第三节 局部三进制 ………………………………………………… 022

第四节 中继形态的一些注意事项 ………………………………… 031

第二章 股价波动的外在模式（一）——泛五浪结构模式

第一节 首段短、后两段长 ………………………………………… 041

第二节 两端长、中间短 …………………………………………… 044

第三节 前两段长、末段短 ………………………………………… 046

第四节 中间长、两端短 …………………………………………… 049

第五节 泛五浪模式综合案例 ……………………………………… 051

第三章 股价波动的外在模式（二）——牛角模型

第一节 依托箱体的牛角模型 ……………………………………… 061

第二节　依托通道的牛角模型 …………………………… 065
第三节　依托三角形的牛角模型 ………………………… 074
第四节　解码均衡态势 …………………………………… 079

第四章　调整段理想模型及应用

第一节　调整段理想模型 A ……………………………… 093
第二节　调整段理想模型 B ……………………………… 096
第三节　调整段理想模型 C ……………………………… 099

第五章　二进制波动原理的应用

第一节　找准常规买卖点 ………………………………… 113
第二节　扼住主升浪的咽喉 ……………………………… 120
第三节　暴力"螺旋"擒主升第二期 …………………… 130
第四节　借助风口吃大肉 ………………………………… 137
第五节　大阴"螺旋"巧抓涨停板 ……………………… 148

第六章　二进制波动原理实操案例

第一节　上证指数上涨 3000 点的研判实录 …………… 159
第二节　用二进制波动原理完成三大任务操作实例 …… 169
第三节　2013 年英镑/加元 2000 点行情研判实录 …… 181
第四节　2014 年日元大多头行情研判实录 …………… 184
第五节　2014 年欧元大空头行情研判实录 …………… 186

后　记

第一章

价格波动的内在机理
——二进制波动原理

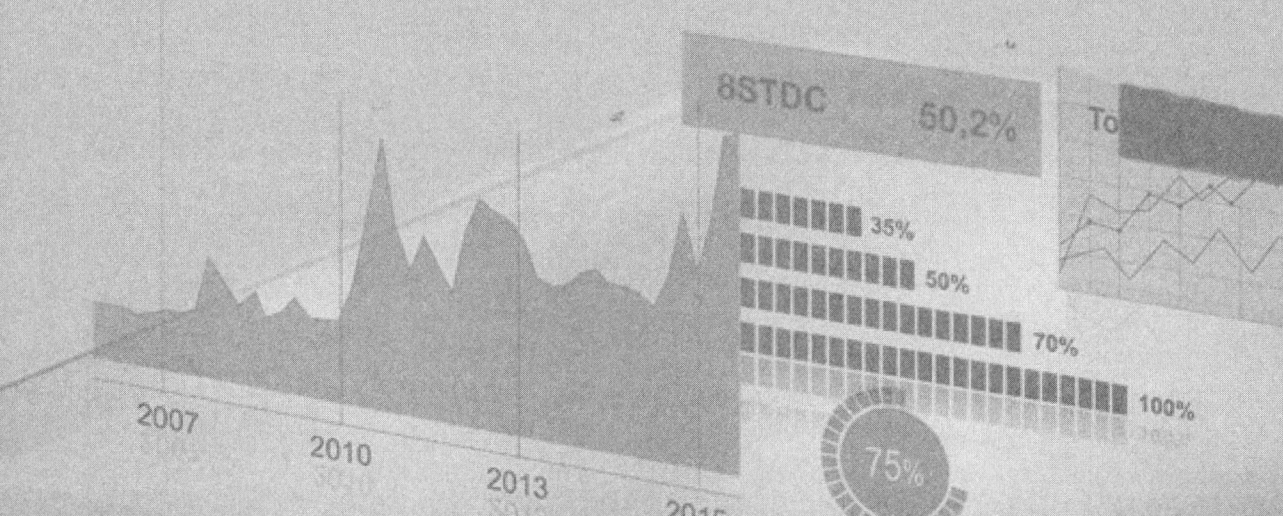

二进制波动原理认为：二进制和三进制是一切价格波动的内在模式，价格波动表象的复杂多端，都只不过是其内在的二进制和三进制混合形成的外在表现。"二段等值""合二而一""一分为二"是二进制的基本模式，"三段等值"是局部三进制的基本模式。在价格波动模式的形成过程中，二进制居全局主导地位，三进制广泛存在于各个局部，为表示区别，三进制也称局部三进制。

第一节　"二段等值""合二而一"价格模式

大明："二段等值"是股价运行中，两个相继产生的波段波动值大致相当；"合二而一"是股价趋势在"二段等值"之后，产生级别递增的趋势运动。

我们来看一下"合二而一"模式的分解图，这张图中已经包含了"二段等值"模式，因此，也就不再需要对"二段等值"进行单独的图解了。

小简：明白，其实，a 约等于 b 就是最基础的"二段等值"了。

大明：没错！我们来看模型图（见图 1-1-1）。

小简：这张图所表示的原理是这样的：

在趋势形成的过程中，如果股价在初始阶段以较小的波动值 a 推进，它在后续的推进中，将很可能形成一个与初始段波动值相近的趋势段 b，从而构成了一个高一级别的趋势段（也就是图中标示的 A）。当股价趋势继续推进时，则有望形成一个与之前趋势段 A 的波动值相近的新趋势段 B，两者共同构成了一个更高级别的趋势段（图中标示的 A′），就这样延续下去，一直到趋势被逆转。

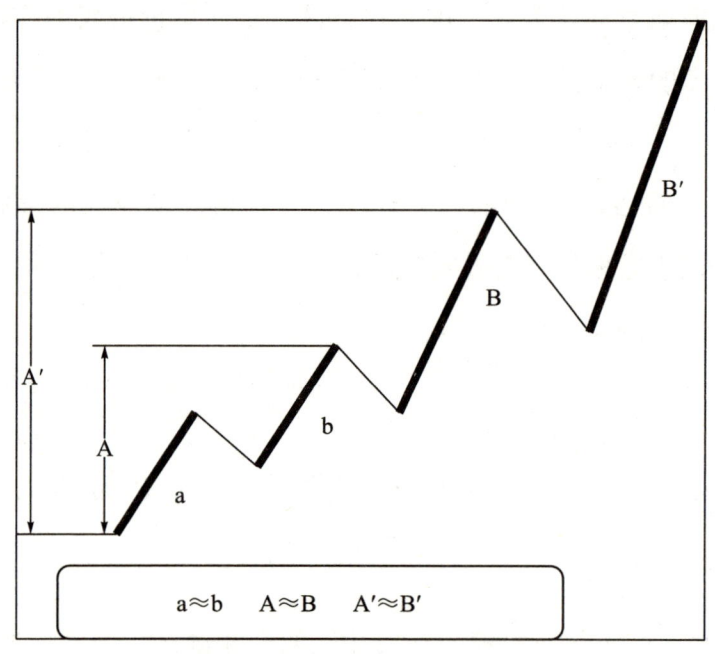

图 1-1-1 "合二而一"模式

大明：呵呵！你对这个原理还是挺熟悉的！接下来，我们以近期一只股票为例，展示"合二而一"的形成过程。请看人民网（603000）日线图（见图 1-1-2）。这只股票 2018 年 10 月 17 日创下了 5.98 元的低点之后开始了震荡上行，并逐步进入了加速状态。它从最低点 5.98 元到 2018 年 12 月 4 日高点 8.55 元，可看作第一小段，这一小段的上涨绝对值为 2.57 元。2018 年 12 月 25 日低点 7.04 元到 2019 年 1 月 28 日高点 9.53 元，可看作第二小段，这一小段的上涨绝对值为 2.49 元。

小简：这两个小段仅仅相差 0.08 元。

大明：是的，两者非常接近了。

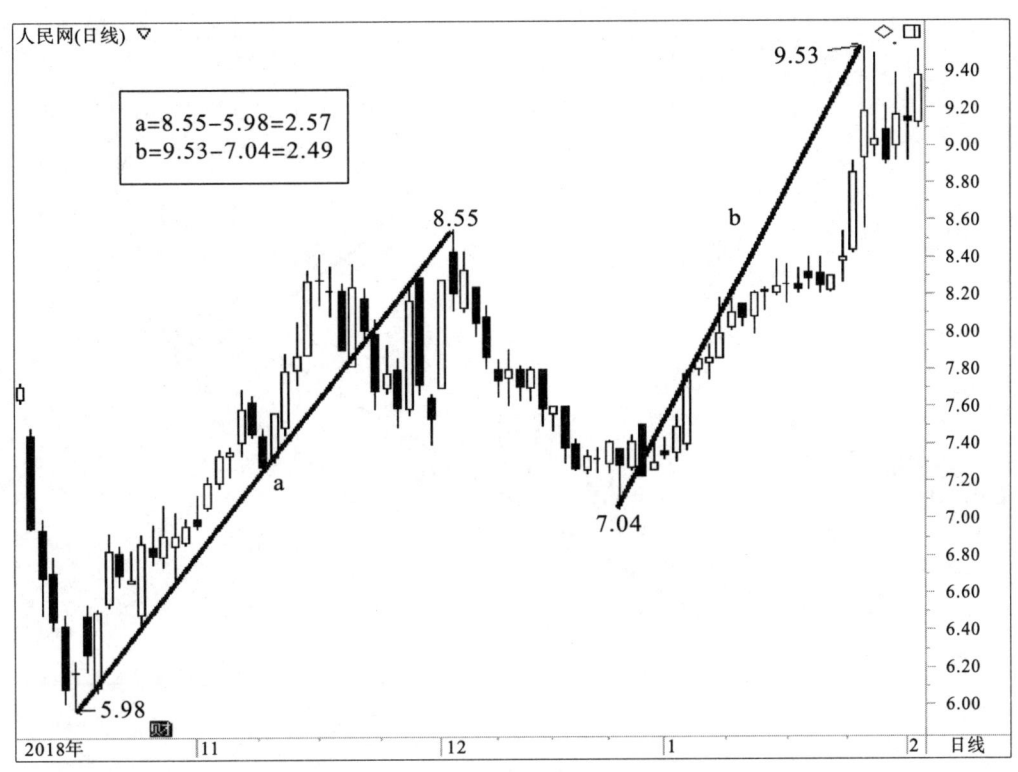

图 1-1-2

大明：第一小段的起点 5.98 元到第二小段终点 9.53 元之间构成了第一中段，这一中段的上涨绝对值为 3.55 元。2019 年 1 月 30 日低点 8.89 元到 2019 年 2 月 21 日高点 13.09 元之间，构成第二中段，第二中段上涨绝对值为 4.20 元（见图 1-1-3）。

小简：这两个中段的上涨绝对值差距稍大了点。

大明：是的，第一中段与第二中段之间以一个小三角形作为衔接，这种情况下，一般是以三角形末端的低点计算第二段的起点的。这个我们在后面会介绍到。

图 1-1-3

大明：趋势继续向上发展，第一中段的起点 5.98 元到第二中段的终点 13.09 元，又构成了第一大段，这一大段的上涨绝对值为 7.11 元。由于 2019 年 2 月 21 日之后价格连续以一字板方式上涨，因此可以到 2 月 21 日的日内分钟图查看高点 13.09 元之后的最低点，也即下一大段的起点，从日内分钟图中可以看出，12.73 元是高点 13.09 元之后的最低点，这就是第二大段起点，第二大段上涨至 19.66 元，上涨绝对值为 6.93 元（见图 1-1-4）。

小简：两个大段的上涨绝对值很接近，仅仅相差 0.18 元。

第一章　价格波动的内在机理——二进制波动原理

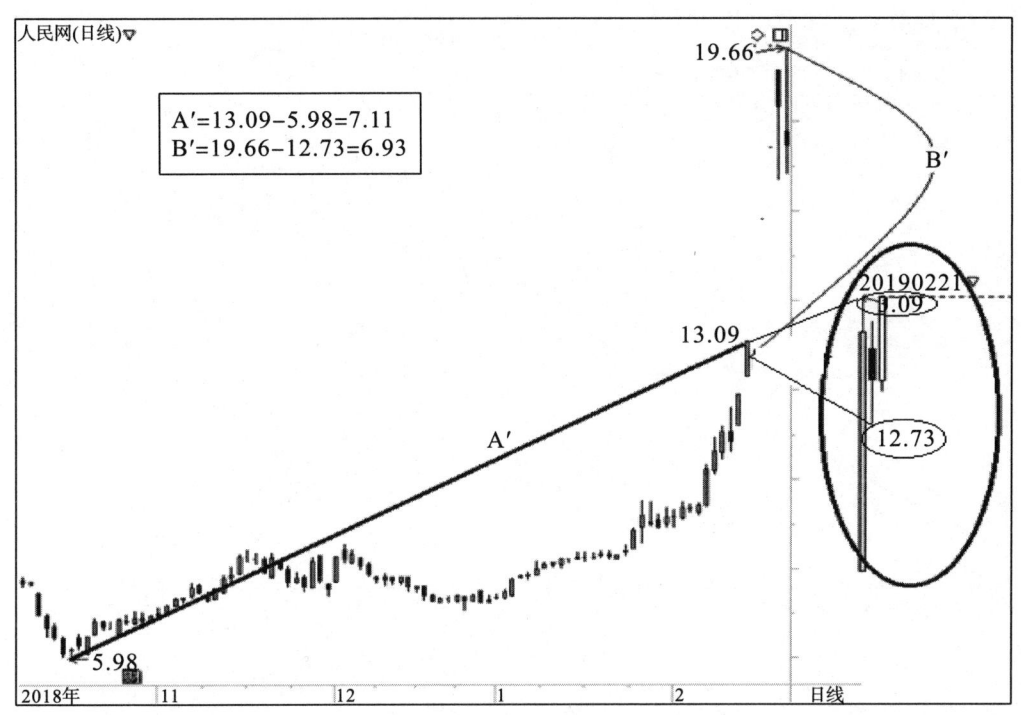

图 1-1-4

大明：趋势继续向上发展，第一大段的起点 5.98 元到第二大段的终点 19.66 元，又构成了第一特大段，它的上涨绝对值是 13.68 元，第二特大段的起点在日线图上较难判断，可到日内分钟图查看，19.59 元高点之后的最低点是 17.12 元，这个就是第二特大段的起点，第二特大段上涨至 30.79 元，上涨绝对值为 13.67 元（见图 1-1-5）。

小简：两个特大段的上涨绝对值仅仅相差 0.01 元。

大明：现在来重温一个经典的案例：

这只股票叫东方钽业（000962），从图 1-1-6 上看，它在 2005 年 7 月 21 日创下了 2.27 元的长线最低点之后，一路上涨。第一小段上涨至 9.14 元，上涨绝对值为 9.14－2.27＝6.87 元。第二小段从 5.44 元起，上涨至 12.42 元，上涨绝对值为 12.42－5.44＝6.98 元。两者仅仅相差 0.11 元。

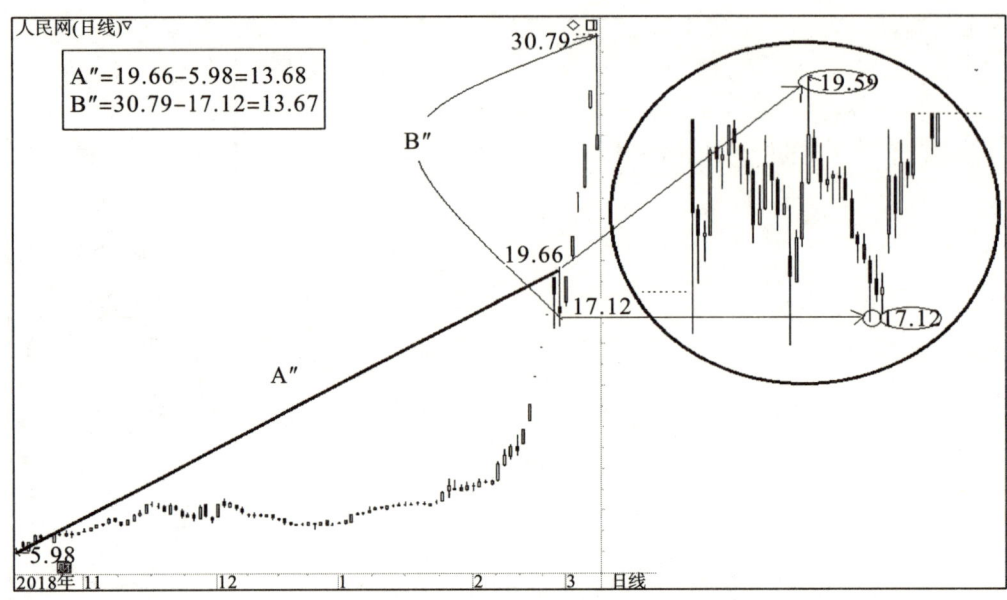

图 1-1-5

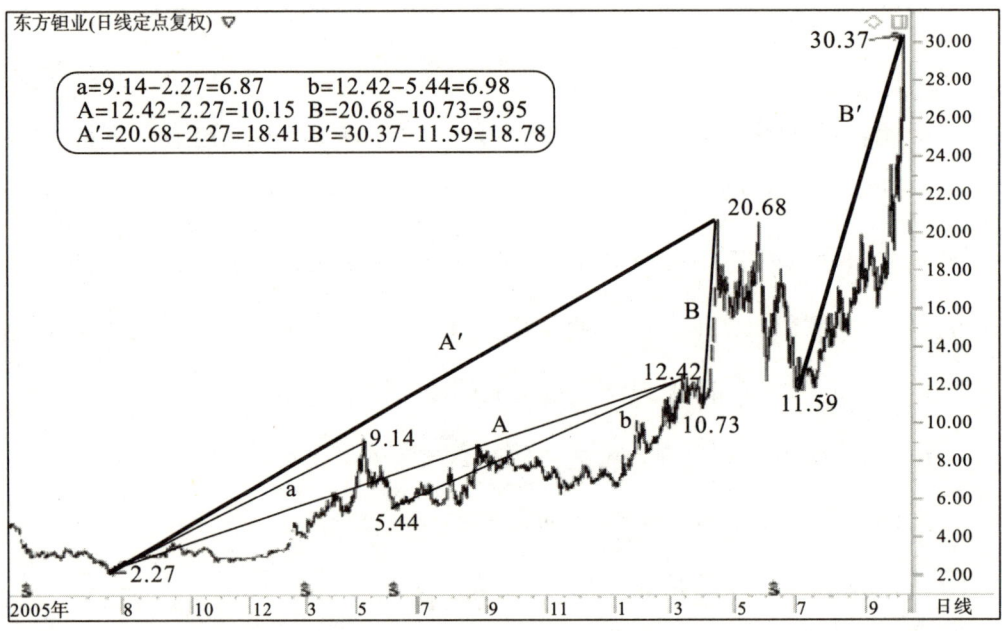

图 1-1-6

（为保持图形的连贯性，便于分析，以图中最高点产生日 2007 年 10 月 12 日为开始日期进行了定点前复权处理，本书后续出现的股票图，均做了必要的复权处理。）

最低点 2.27 元至 12.42 元，即第一小段的低点至第二小段的高点，构成了第一中段，其上涨绝对值为 12.42－2.27＝10.15 元。第二中段从 10.73 元起至 20.68 元，上涨绝对值为 20.68－10.73＝9.95 元。两者仅仅相差 0.20 元。

自最低点 2.27 元起，至 20.68 元，即第一中段的起点至第二中段的高点，构成了第一大段，其上涨绝对值为 20.68－2.27＝18.41 元。第二大段自 11.59 元起，至最高点 30.37 元，上涨绝对值为 30.37－11.59＝18.78 元。两者仅仅相差 0.37 元。

小简：呵呵！这个图可谓"合二而一"模式的经典案例。

大明：是的！这只股票 2007 年 10 月 12 日出现当时的最高点之后一路下跌，到 2008 年底才止跌回升，2010 年底又创出了新高，2008 年底到 2010 年底的这波上涨，波动值与上一波上升趋势极其接近。

小简：图 1-1-7，可称得上是"二段等值"的经典案例了！

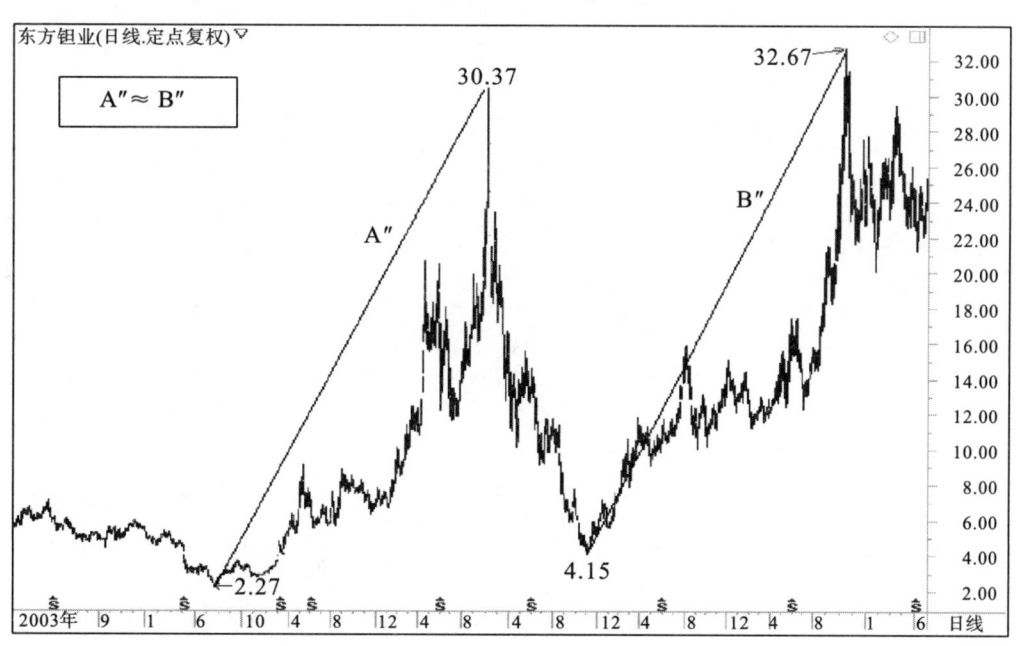

图 1-1-7

大明：这些是"合二而一"价格模式在上升趋势中的表现，下降趋势也是同样的道理。比如下面这只股票，它现在叫作均胜电子（600699），当年叫辽源得亨，图 1-1-8、图 1-1-9 显示，它在 2001 年 7 月 23 日创出了 8.43 元的长线最高点之后，一路下跌，二进制波动原理在其下跌的过程中得以完美的体现。

8.43 元下跌至 7.11 元，为第一小段下跌，其下跌绝对值为 8.43－7.11＝1.32 元。7.59 元至 6.26 元为第二小段下跌，其下跌绝对值为 7.59－6.26＝1.33 元。第一小段与第二小段的下跌绝对值仅仅相差 0.01 元。

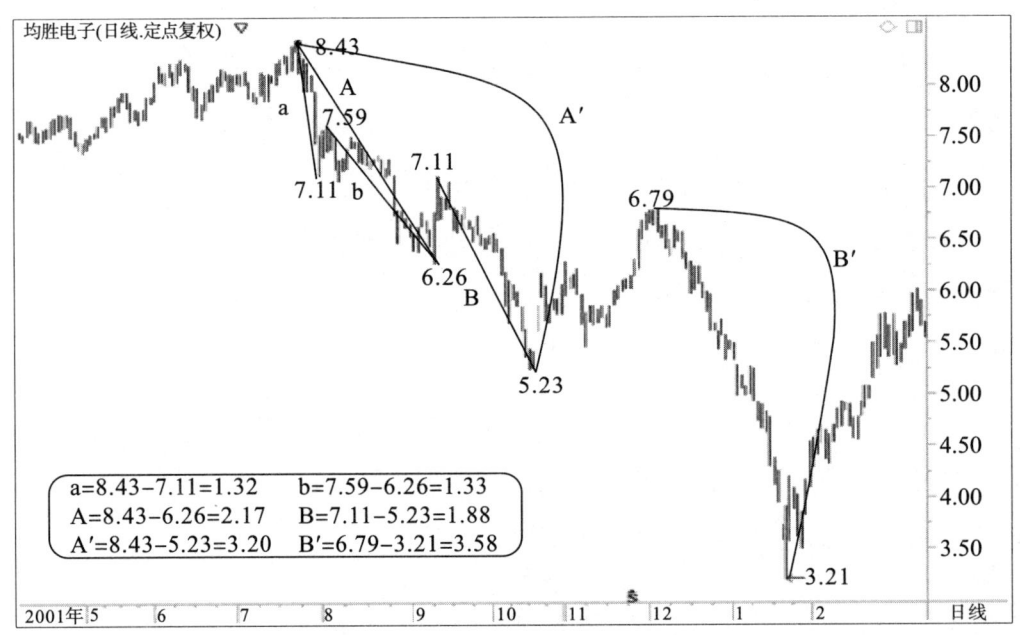

图 1-1-8

8.43 元至 6.26 元，即第一小段的起点至第二小段的终点，构成了第一中段，其下跌绝对值为 8.43－6.26＝2.17 元。第二中段从 7.11 元起，下跌至 5.23 元，下跌绝对值为 7.11－5.23＝1.88 元。两者仅仅相差 0.29 元（见图 1-1-8）。

8.43元至5.23元,即第一中段的起点至第二中段的终点,构成第一大段,其下跌绝对值为8.43－5.23＝3.20元。第二大段从6.79元开始,下跌至3.21元,下跌绝对值为3.58元。两者仅仅相差0.38元。第二大段的下跌完毕之后,该股便展开了大幅度的反弹行情。

第一大段的起点至第二大段的终点,即8.43元至3.21元,构成了第一特大段,下跌绝对值为8.43－3.21＝5.22元。第二特大段从6.89元起,至最低点1.36元,下跌绝对值为5.53元。

两者仅仅相差0.31元。第二特大段的下跌完毕之后,该股启动了长线大多头行情(见图1-1-9)。

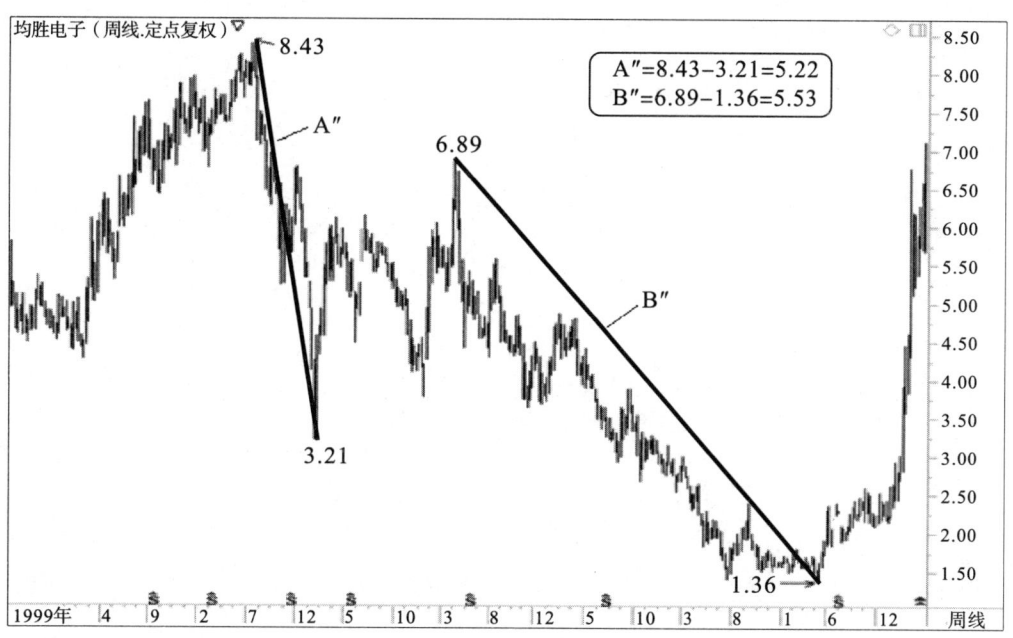

图1-1-9

第二节 "一分为二"价格模式

小简：说完"合二而一"模式之后，该说说"一分为二"模式了吧！

大明：是啊！"一分为二"模式跟"合二而一"模式是反着来的，先来看看分解图。

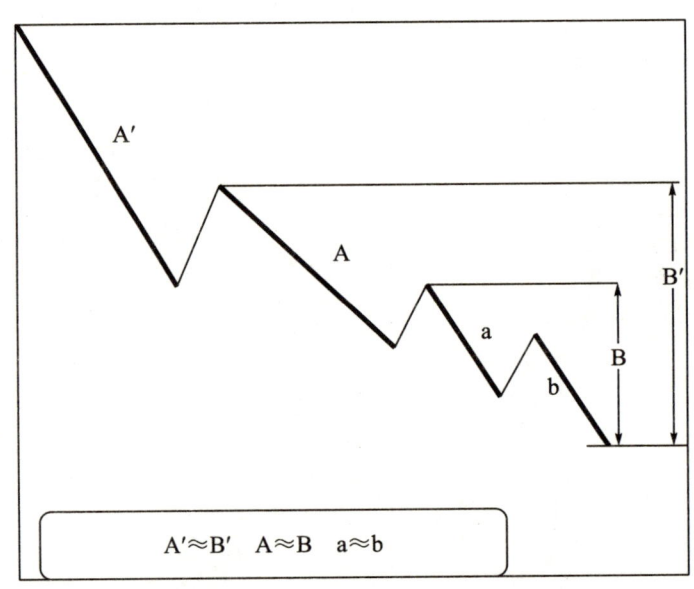

图 1-2-1　"一分为二"模式分解图

刚才讲"合二而一"模式用的是上升趋势的分解图，现在讲"一分为二"用的是下降趋势的，不过，不论是上升趋势还是下降趋势，模式结构都是一样的，甚至不分是驱动浪还是调整浪，这也是二进制波动原理的特色。

小简：嗯！这个跟艾略特波浪理论不一样。艾略特认为驱动浪和调整浪的结构是不一样的，驱动浪是五浪结构，调整浪一般是三浪结构。

大明：是呀！接下来，我们来看看实例，图1-2-2是上证指数自2015年6月份的高点5178点下跌至2019年1月4日低点2440点之间的走势。上证指数自高点5178点下跌到2015年7月9日的低点3373点，这段下跌可以看作第一大段，下跌绝对值为1805点。2015年7月24日，上证指数反弹至4184点之后又开始了漫长的熊途，一直到2019年1月4日低点2440点，这一段可以看作第二大段，下跌绝对值为1744点。

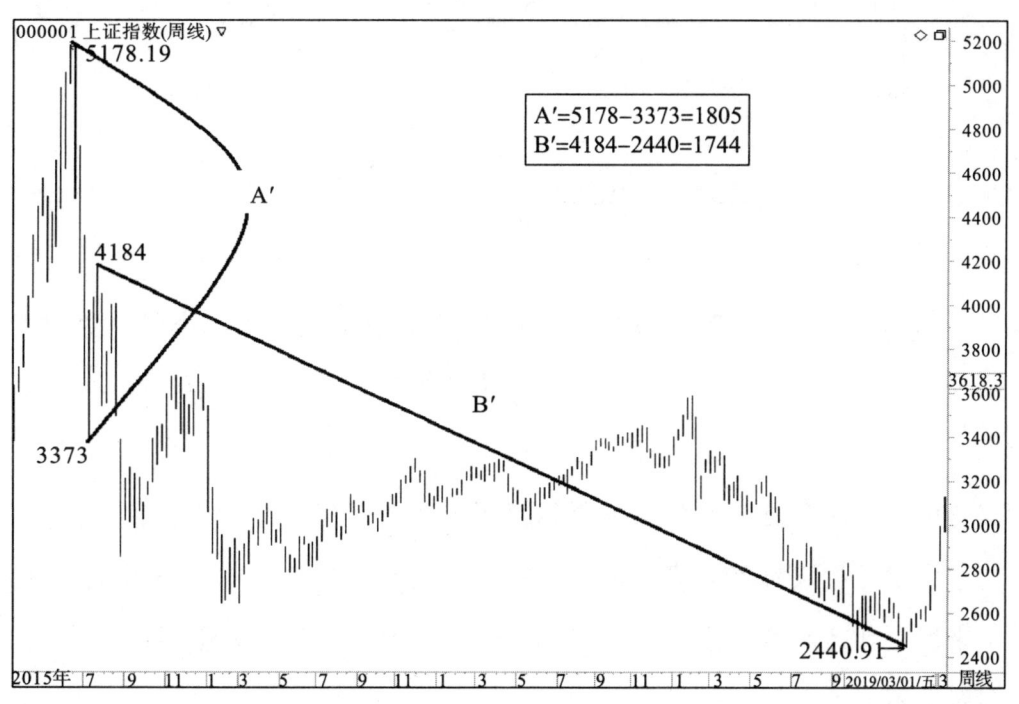

图1-2-2

第二大段可以分解为两个中段，4184高点到2015年8月26日低点2850点为第一中段，这个中段的下跌绝对值为1334点。2015年12月23日的高点3684点到最低点2440点之间为第二中段，这个中段的下跌绝对值为1244点（见图1-2-3）。

图 1-2-3

3684 高点到 2016 年 1 月 27 日低点 2638 点之间为第一小段,它的下跌绝对值为 1046 点。2018 年 1 月 29 日高点 3587 点到最低点 2440 点为第二小段,下跌绝对值是 1147 点(见图 1-2-4)。

小简:这么说来 2440 点是最低点了,后面能有多大行情呢?

大明:我认为 2019 年 1 月 4 日之后,至少有一年半的上升行情,空间上来说,到达前期高点 3587 点是肯定的,至于最终能上涨到什么位置,我暂时不太关心。

小简:好的,现在是 2019 年 3 月份,这个判断留待以后验证。

第一章 价格波动的内在机理——二进制波动原理

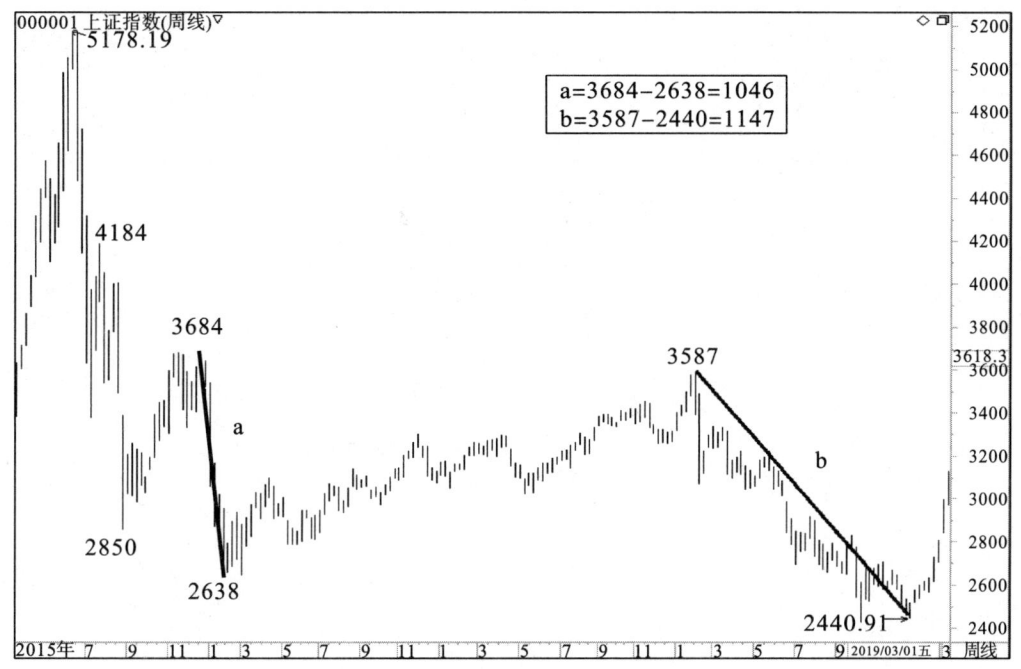

图 1-2-4

大明：接下来，我们来看看"一分为二"模式另外一些经典案例：

图 1-2-5 是英镑/美元在 2007 年 10 月 9 日的一段 5 分钟价格走势图，价格自见最低点 2.0255 后，大幅上扬，到达第一大段的高点 2.0345，上涨绝对值为 2.0345－2.0255＝0.0090 美元。自 2.0309 起，开始了第二大段上涨，最高到达 2.0411，上涨绝对值为 2.0411－2.0309＝0.0102 美元。两者仅仅相差 0.0012 美元。

第二大段可分为两个中段，第一中段从 2.0309 起，至 2.0365，上涨绝对值为 2.0365－2.0309＝0.0056 美元。第二中段自 2.0346 起，至最高点 2.0411，上涨绝对值为 2.0411－2.0346＝0.0065 美元。两者仅仅相差 0.0009 美元。

图 1-2-5

第二中段可被分解为两个小段,第一小段自 2.0346 起,到 2.0388,上涨绝对值为 2.0388－2.0346＝0.0042 美元,第二小段自 2.0364 起,至最高点 2.0411,上涨绝对值为 2.0411－2.0364＝0.0047 美元。两者仅仅相差 0.0005 美元。

再看图 1-2-6,深证成指 2008 年 5 月 6 日阶段性高点 13881 点至 2008 年 10 月 28 日重要低点 5577 点,刚好完成了两个大段的下跌,其中第一大段自 13881 点起至 8888 点止,下跌绝对值为 13881－8888＝4993 点,第二大段自 10472 点起至 5577 点止,下跌绝对值为 10472－5577＝4895 点。两个大段仅仅相差 98 点。

第一章 价格波动的内在机理——二进制波动原理

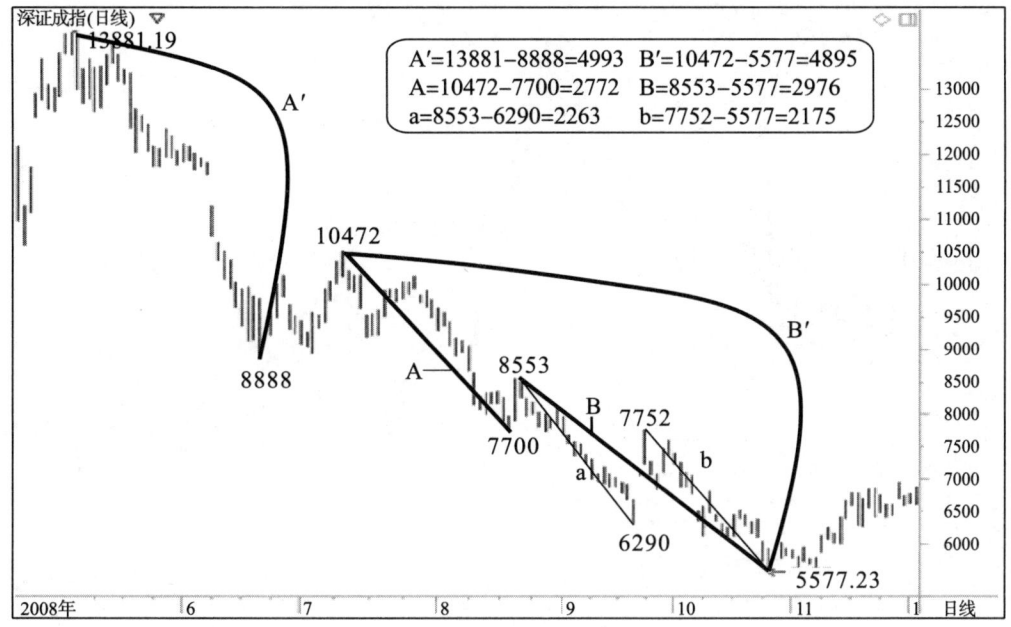

图 1-2-6

第二大段由两个中段构成，其中第一中段为 10472 点至 7700 点，下跌绝对值为 10472－7700＝2772 点；第二中段为 8553 点至 5577 点，下跌绝对值为 8553－5577＝2976 点。两个中段仅仅相差 204 点。

第二中段由两个小段构成，第一小段为 8553 点至 6290 点，下跌绝对值为 8553－6290＝2263 点；第二小段自 7752 点至 5577 点，下跌绝对值为 7752－5577＝2175 点。两者仅仅相差 88 点。

图 1-2-7 是澳元/美元 2018 年 3 月份的 240 分钟走势图，其中上升部分为"合二而一"模式，下跌部分为"一分为二"模式。

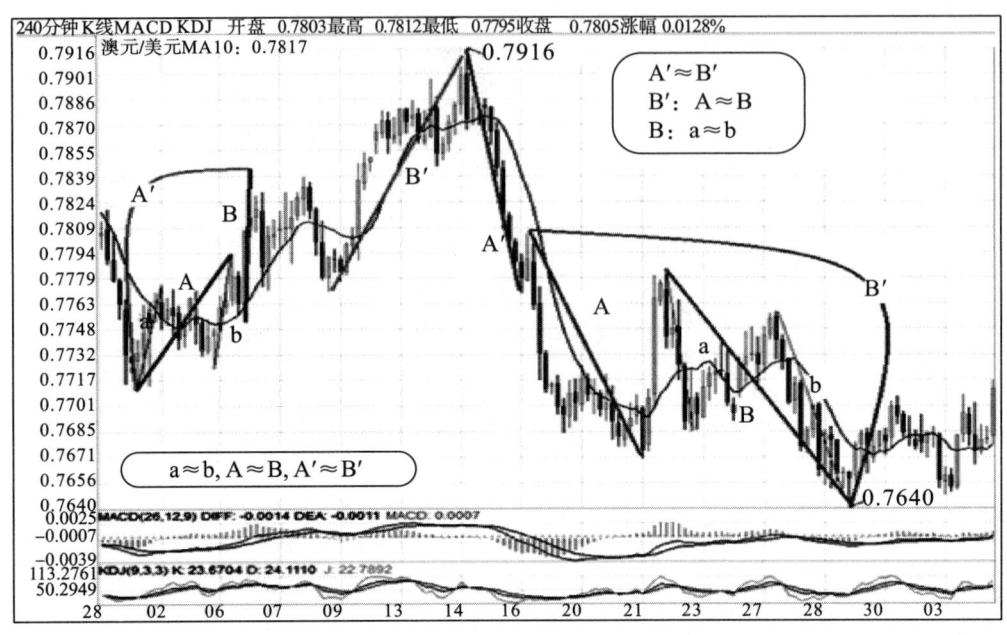

图 1-2-7

小简：这两种模式，我觉得最经典的是国美的黄光裕操作中关村（000931）的案例，当时中关村的下跌就是"一分为二"模式，上涨是"合二而一"模式。

大明：是啊！时间过得真快，黄光裕当时主要就是由于操纵中关村获刑的，说来也神，像这种被操纵的股票，走势居然完全符合二进制波动原理。

2009年2月，《证券市场周刊》发表一篇题为《黄光裕死结》的文章，爆出了黄光裕当时操纵中关村股价的相关细节。

根据这篇文章的描述，"黄光裕接下一笔超过3亿元的委托理财资金，以变相行贿，使其在资本市场上疲于奔命，操纵中关村股价"。

"黄光裕计划将该笔资金在二级市场买进中关村股票。但由于'资金一下子进入中关村，动静太大，必须打压洗盘，将股价打压到低位时，掩护该笔资金进场,这样既能满足资金获利目的,又能稳住重组成本'。知情人士表示,2007 年 6 月,中关村二级市场股价的下跌,尤其是在 2007 年 6 月 26 日跌到当时最低价位,就是为第二天签订重组协议,让该笔资金进场所做的局。"

该文称,"'在打压之后快速利用散户账户买入,企图通过快进快出来蒙蔽市场的视线。'知情人士透露,为了能够持续公布利好,掩盖该资金操盘痕迹,黄光裕还留了一手。"

"'2007 年 8 月 15 日前,黄光裕将 6 月份进入中关村的账户全部倒手,尤其是十大自然人流通股全部清仓。'"

"2007 年 8 月 15 日,中关村发布公告……随后,中关村股价大幅上涨,8 月份涨幅超过 80%。"

"知情人士表示:'换仓后,黄光裕决定在资产重组前将股价拉到一定价位套现,他的鲁莽操作招致了麻烦。'"

"2007 年 8 月 29 日至 31 日,中关村股价连续三个交易日达到涨停幅限制。深交所交易部向中关村发出征询函,要求其对股价异动作出说明。"

"……"

"2007 年 9 月 10 日,深交所又发现了中关村的交易异常,中信建投证券在沈阳的某营业部的交易席位出现大量买单。"

"'根据我们当时的初步判断,可能是中关村庄家要进行换仓,……'知情人士向《证券市场周刊》透露,监管部门决定顺着该席位摸查情况。"

"该席位上的账户从开设到大笔买入的时间仅有三天,极有可能是为了买入中关村股票而开设的。所以,监管部门就盯住了该席位的一举一动。2007 年 9 月 11 日、12 日,该席位又连续买入中关村股票。"

"但该席位的买入账户并非开户者本人,账户的身份证是购买的,资金的往来成为监管部门调查的唯一线索。'资金是从香港通过地下钱庄洗到沈阳的。'知情人士表示，黄光裕当时已经感觉到资金问题可能会出现漏洞，但是为了掩护上述 3 亿元资金在二级市场中不被监管部门发现，黄光裕还是动用了几十个散户账户大量买入中关村，但 3 个亿的资金仍未能及时撤离。"

"上述人士称，为了引开监管部门的调查视线，黄光裕在 2007 年 10 月 8 日对中关村进行停牌。……"

……

由于面临资金短缺的窘境，再加上涉及郭京毅一案。"黄光裕决定兵行险招，公布中关村重大重组方案来刺激股价，先将 3 亿元资金撤离。"

"知情人士透露，2008 年 5 月 7 日，中关村公布了资产重组方案的第二天，黄光裕开始拉高出货，两个交易日内将 3 亿元资金陆续撤离。但到了第三个交易日，中关村股价开始暴跌，黄光裕从香港洗来的解围资金深陷其中。"

根据该文的描述，对应中关村的股价走势，我们可以发现，中关村自 2007 年 5 月 9 日阶段性高点至 2007 年 7 月 17 日阶段性低点之间（也正是黄光裕实现打压建仓的过程），其价格走势完全符合二进制波动原理之"一分为二"模式（见图 1-2-8）。

在黄光裕拉升股价期间，中关村自 7 月 17 日的最低价 6.77 元上升至 9 月 3 日 17.79 元高点，其波动结构完全合乎二进制波动原理之"合二而一"模式（见图 1-2-9）。

图 1-2-8

图 1-2-9

小简：看来，人为操纵改变不了股价的根本规律。

大明：是的！像中关村这种受到人为高度操控的股票居然如此完美地体现二进制波动原理。让我们更加相信，不管人为操纵与否，二进制波动原理均独立存在！

第三节　局部三进制

小简："合二而一"和"一分为二"模式都比较容易识别，局部三进制才是难点吧？

大明：局部三进制相对来说复杂了点，一般在实战中，我们需要综合分析。现在我们先来回顾一下局部三进制的主要内容。

二进制波动原理认为：如果价格走势难以用二进制进行解读，那极可能是某一级别上或者是某若干个级别上出现了局部三进制。局部三进制的形成，缘于一定时期内某突发或综合原因而造成局部某一级别趋势的延伸（如图1-3-1），或某一级别趋势的中途夭折（如图1-3-3）。局部三进制不会改变市场总体的二进制特征，而且会以三种既定方式之一向总体的二进制特征回归。

图1-3-1中方框内为上证指数在2007年5月30日遭遇印花税提高的突发性政策利空而产生的大幅下挫，由于恐慌心理的放大，其下跌趋势延伸为局部三进制。

15分钟图上明确显示该波下跌可分解为三个波动绝对值大致相当的波段。其中第一段自4335点起，下跌至3859点，下跌绝对值为476点；第二段自4180点起，下跌至3697点，下跌绝对值为483点；第三段为前面两段的延伸，自 3847 点起，下跌至 3404 点，绝对下跌值为 443 点。三者之间，最大差距仅为 40 点，最小差距仅为 7 点。

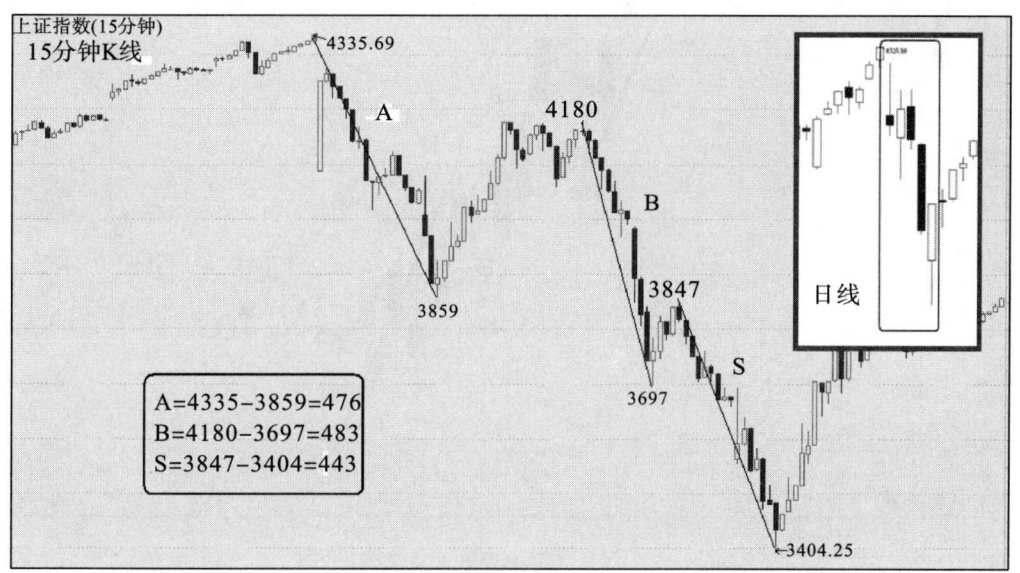

图 1-3-1

小简：记得上证指数 2015 年 6 月 5178 高点开始的"股灾"也与这一波相似。

大明：没错，2015 年 6 月 12 日 5178 点到 7 月 9 日的 3373 点之间，也是走了三个波动值比较接近的波段（见图 1-3-2）。

绿景地产（000502，后更名为绿景控股）2007 年 5 月 30 日由于印花税提高的突发利空影响，第二中段的趋势仅走了一半便夭折，从而形成了局部三进制模式（见图 1-3-3）。

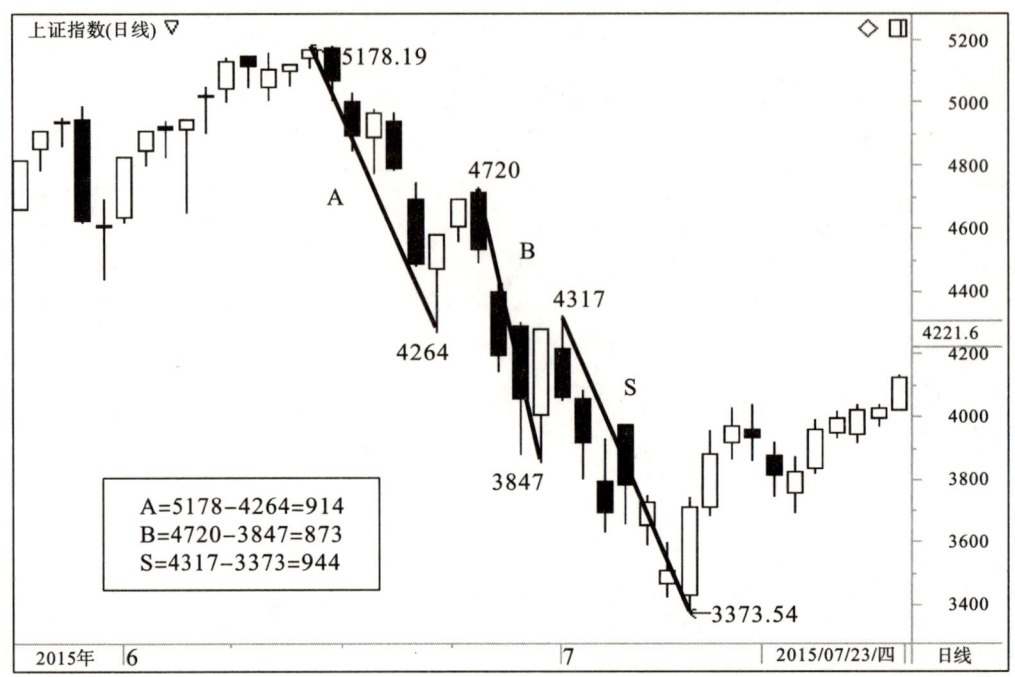

图 1-3-2

图 1-3-3

小简：这样一来，应用二进制波动原理就增加很多不确定性了。

大明：局部三进制虽然增加二进制分析的不确定性，但是由于其终将会向总体的二进制回归，具体而言，就是某一级别出现局部三进制，后续对应级别的波段将以三种既定方式中的一种向总体的二进制特征回归。

其一，以忽略三进制的第三段的方式继续二进制波动（如图1-3-4所示，下降趋势同理）。

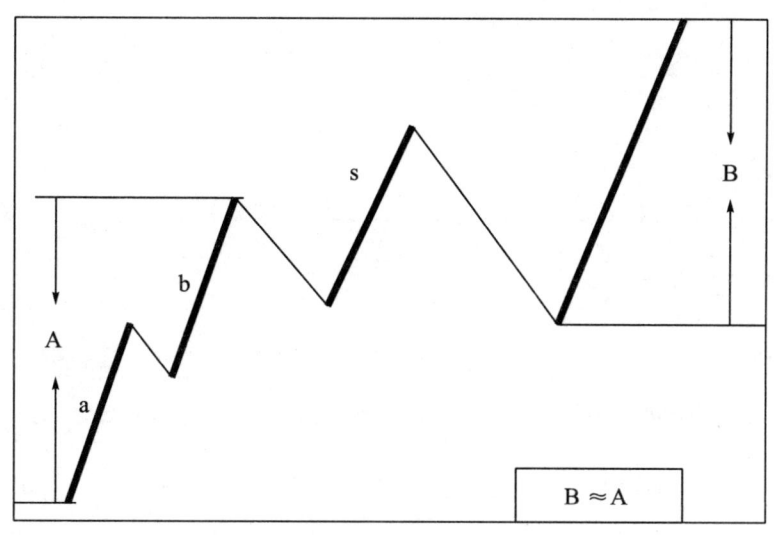

图 1-3-4

这种情况下，第二段的波动值约等于不包含第三小段的第一段的波动值。我们用实例来加以说明。

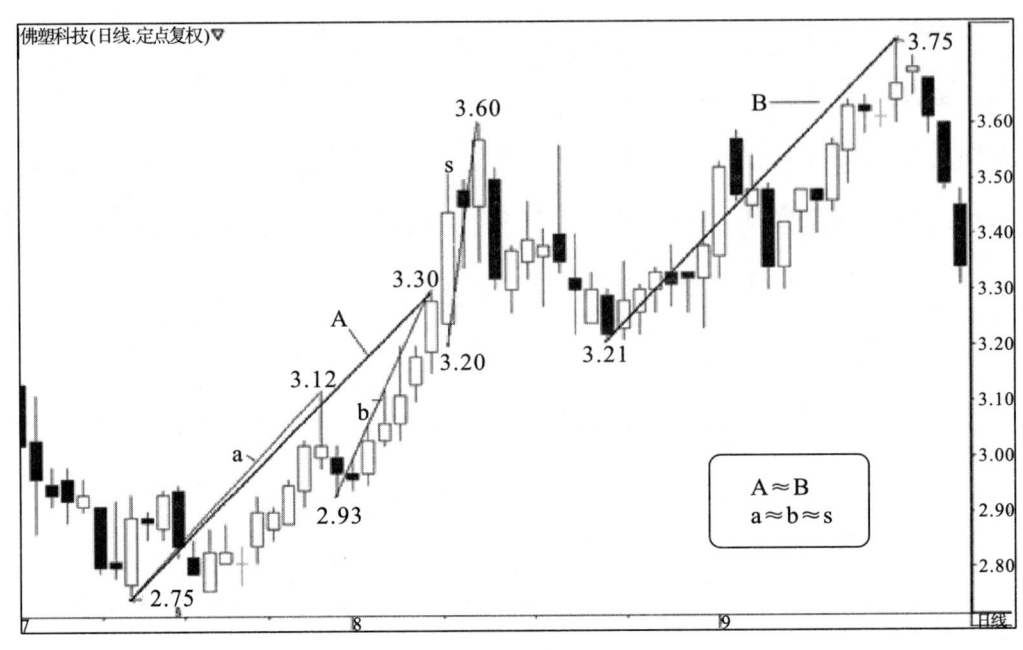

图 1-3-5

佛塑股份（000973，现名佛塑科技）2005年7月12日见到2.75元的低点后，震荡上升至3.60元，这个过程中包含了三个上涨绝对值相当的小波段。其中a小段自2.75元至3.12元，上涨绝对值为0.37元；b小段自2.93元至3.30元，上涨绝对值为0.37元；s小段自3.20元至3.60元，上涨绝对值为0.40元。其后又运行了自3.21元至3.75元的震荡上升行情，这一段的上升绝对值为0.54元，与之前a小段的起点2.75元至b小段的终点3.30元构成的A段的波动绝对值0.55元仅仅相差0.01元（见图1-3-5）。

其二，以尊重三进制的整体波动值的方式继续二进制波动（见图1-3-6）。

第一章 价格波动的内在机理——二进制波动原理

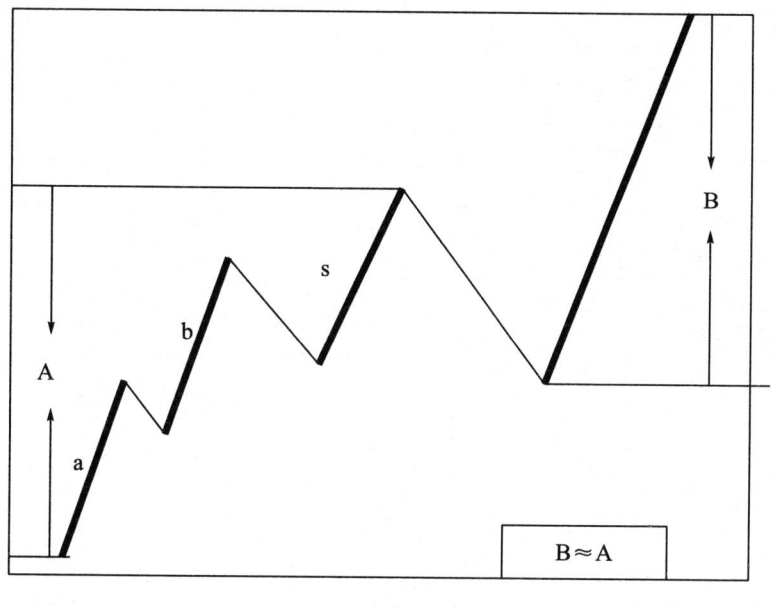

图 1-3-6

这种情况下,第二段的波动值约等于包含第三小段的第一段的波动值.

万科 A（000002）2008 年 9 月份的低点至 2018 年 1 月份的高点就体现了这种情况。该股 2008 年 9 月份的低点（已经过定点前复权处理）1.85 元到 2016 年 11 月份的高点有三段构成。其中，2008 年 9 月份低点 1.85 元到 2015 年 6 月份的高点 14.24 元构成 A 段，上涨绝对值为 12.39 元；2015 年 6 月份低点 10.79 元到 2015 年 12 月高点 22.92 元构成 B 段，上涨绝对值 12.13 元；2016 年 7 月份低点 15.23 元到 2016 年 11 月份高点 28.21 元构成 S 段，上涨绝对值为 12.98 元。由 A 段的起点至 S 段的终点构成的 A′段，总体的波动绝对值为 26.36 元，这与随后该股走出的 B′段即从 2017 年 5 月低点 17.53 元到 2018 年 1 月高点 42.24 元的上升绝对值 24.71 元相差 1.65 元（见图 1-3-7）。

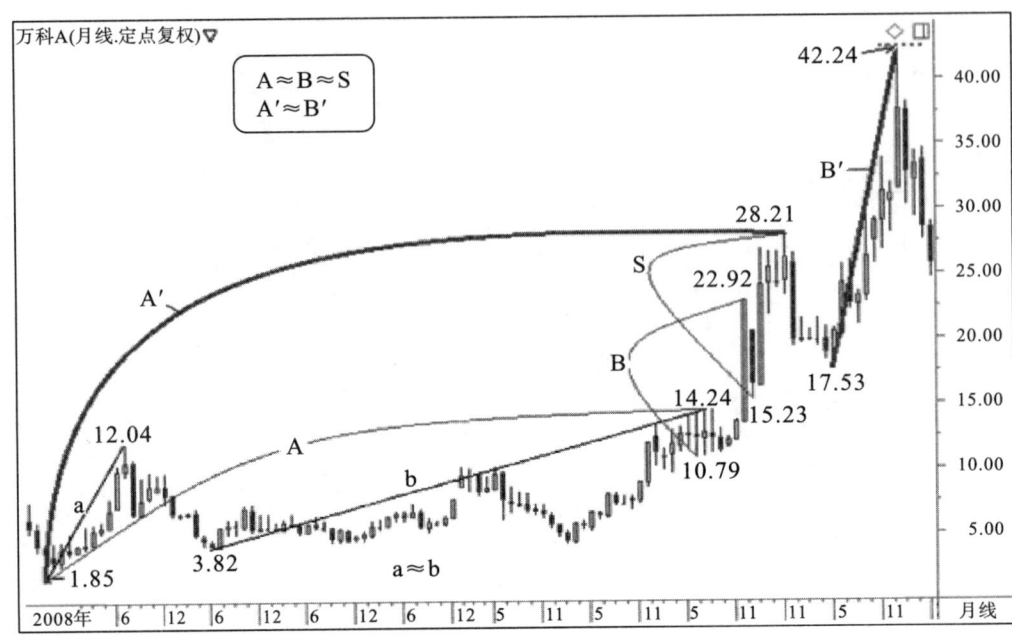

图 1-3-7

其三，以增加虚拟的第四小段的方式继续二进制波动（见图 1-3-8）。

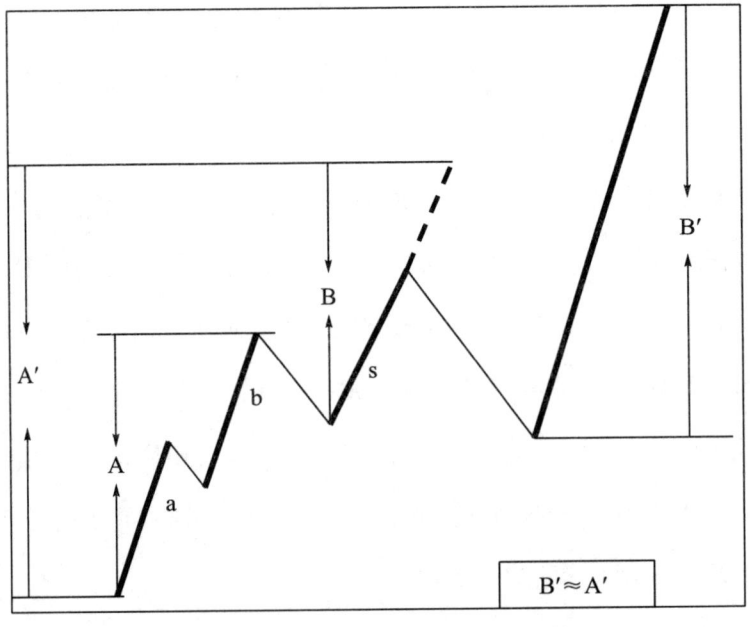

图 1-3-8

这种情况下，第二段的波动值约等于包含虚拟第四小段的第一段的波动值。

图 1-3-9

上证指数在 2008 年 10 月 28 日创下了 1664 点的重要低点，而后运行了 a、b、s 三个小段，若增加虚拟的第四小段，延伸 s 小段使其成为与 a 小段的起点至 b 小段的终点构成的 A 段等长的 B 段。这样，A 段的自 1664 点至 2050 点，上升绝对值为 386；B 段自 1838 点至 2224 点，上升绝对值等于 A 段。A 段的起点至 B 段的终点构成 A′段，其上升绝对值为 560 点；后续运行的 B′段自 1814 点至 2402 点，上升绝对值为 588 点，两者仅仅相差 28 点（见图 1-3-9）。

小简：总结一下，如果第一段出现局部三进制，在估计第二段的波动绝对值时，应考虑如下三种可能：

第一可能是第二段与第一段的波动绝对值相当；

第二可能是第二段与第一段中不包括第三小段部分的波动绝对值相当；

第三可能是第二段与第一段加上虚拟的第四小段的总波动绝对值相当。

大明：对！同时也要注意：

在 b、B、B′、B″ 阶段，有时价格会以局部三进制形式向总体的二进制回归，具体表现在局部三进制发生后，该波段整段的波动值跟与之对应的 a、A、A′、A″ 段相当。

如果在 b、B、B′、B″ 阶段出现了超越与之对应的 a、A、A′、A″ 段波动值的三进制波动，则在其发展为更高层级的 A、A′、A″、（A″）′ 段时，以前述的三种方式向总体的二进制特征回归。

小简：上面这些内容就是股价波动最核心的机理了吧？

大明：我认为是的！一切纷繁复杂的表象都是由这些衍生出去的！

小简：那就是说，掌握了这些就如同拿到打开复杂波动的钥匙了！

大明：没错！另外，市场波动以总体上的二进制模式运行，当波动结构满足 b 段的波动绝对值约等于 a 段的波动绝对值时，b 段的端点便称为结构满足点。其他级别的波段同理。

市场波动以局部三进制模式运行，当波动结构满足 s 段的波动值约等于 b 段的波动绝对值及 a 段的波动绝对值时，s 段的端点便称为三进制结构完成点。其他级别的波段同理。结构满足点和三进制结构完成点都是变盘的关键点。

小简：好的！

第四节　中继形态的一些注意事项

大明：中继形态往往预示着行情仍将继续发展，而且后续行情的幅度将有望复制中继形态之前的行情幅度。

小简：三角形就是一种重要的中继形态。

大明：是呀！趋势运行过程中，如果出现三角形的话，要注意，它后续以三角形末端为起点的趋势的波动幅度很可能会复制三角形之前的幅度。具体请看模型图 1-4-1：

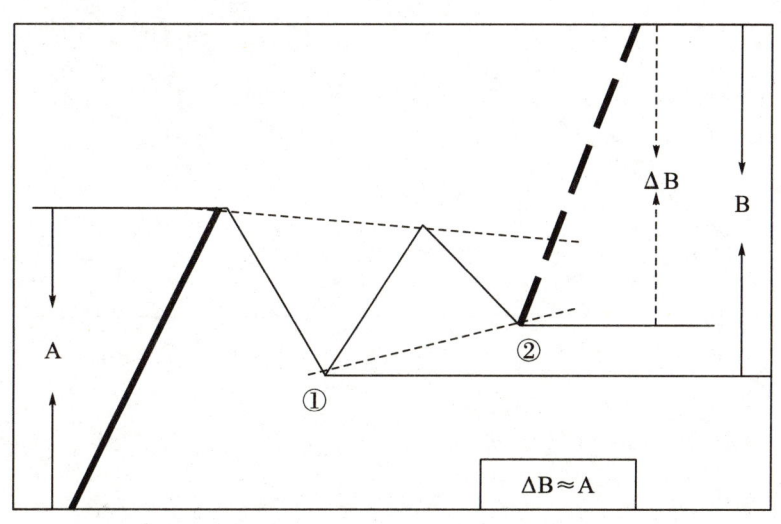

图 1-4-1

小简：二进制推动模式以调整的最低点①为起点向上推进。根据二进制波动原理，以①为起点的第二段 B 的上涨值将与第一段 A 的上涨值大致相当。但是，由于出现了中继三角形，第二段 B 的实际上涨值将可能被稍为拉长，而以三角形末端低点②为起点加上第一段 A 的上涨值的结果将更接近 B 段实际到达的终点。图 1-4-1 中，ΔB 的上涨值更接近 A 的上涨值。

大明：没错！我们可以来看一个例子，格力地产（600185）2005 年至 2008 年初的走势，就是这种情况（见图 1-4-2）！

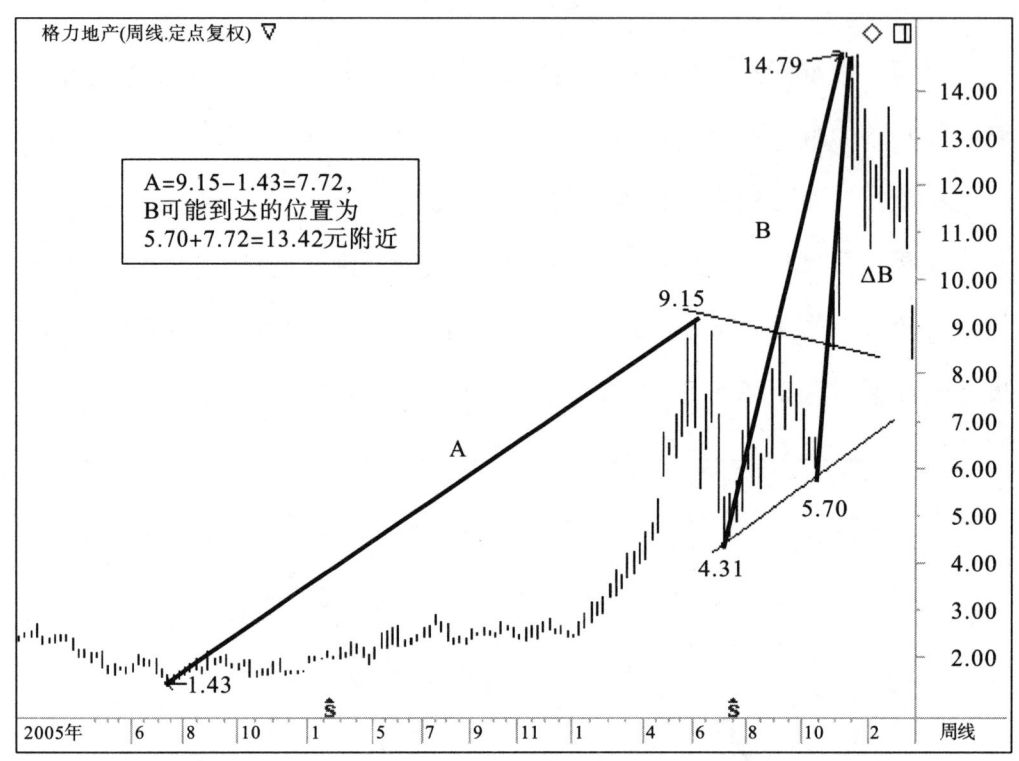

图 1-4-2

格力地产第一波自最低点 1.43 元上涨至 9.15 元，其上涨绝对值为 7.72 元。第一波上涨之后进入三角形整理，三角形运行完毕之后的新一波上涨，在估算其目标位时，将以三角形末端低点 5.70 元为起点计算。因此，该股第二波上涨的目标位为 5.70＋7.72＝13.42 元。该股第二波上涨实际到达 14.79 元。估算的目标位 13.42 元与实际高点相差 1.37 元，但却比以 4.31 元为起点的计算方式更接近于实际高点。

小简：第一节的案例人民网两段交接处便是一个小型的三角形。

大明：是的，以三角形末端的低点计算出来的第二段波动值与第一段更接近了（见图1-4-3）。

图1-4-3

小简：上升三角形和对称三角形是这样的，下降三角形就由于低点大致接近，就不存在这种情况了吧？

大明：是的，下降趋势中的上升三角形同理。

小简：其他的中继形态还有什么需要注意的吗？

大明：是的，要注意中继缺口以及中继K线。中继缺口又称持续性缺口，因为其具有计量的作用，也被称为计量缺口。如果两个波段的接合部以跳空缺口形式出现，应以这个缺口的中间价计算后续波段的波动值。中继缺口既出现在上升通道，也现身于漫漫熊途。现以前者为例说明。

在股价高速行情中，价格连续上升，途中首次出现有调整性质的K线的时候，该K线往往具有中继的意义，如阴线、假阴线，或以一字线连续涨停的高速运行途中的T字线。

中继的阴线或假阴线以其最高价为前期波段的高点，若后续K线无更低点，则以其最低点为后续波段的起点。

以一字线连续涨停的高速运行途中的T字线，以T字线最高价为前期波段的高点，最低价为后续波段的起点。

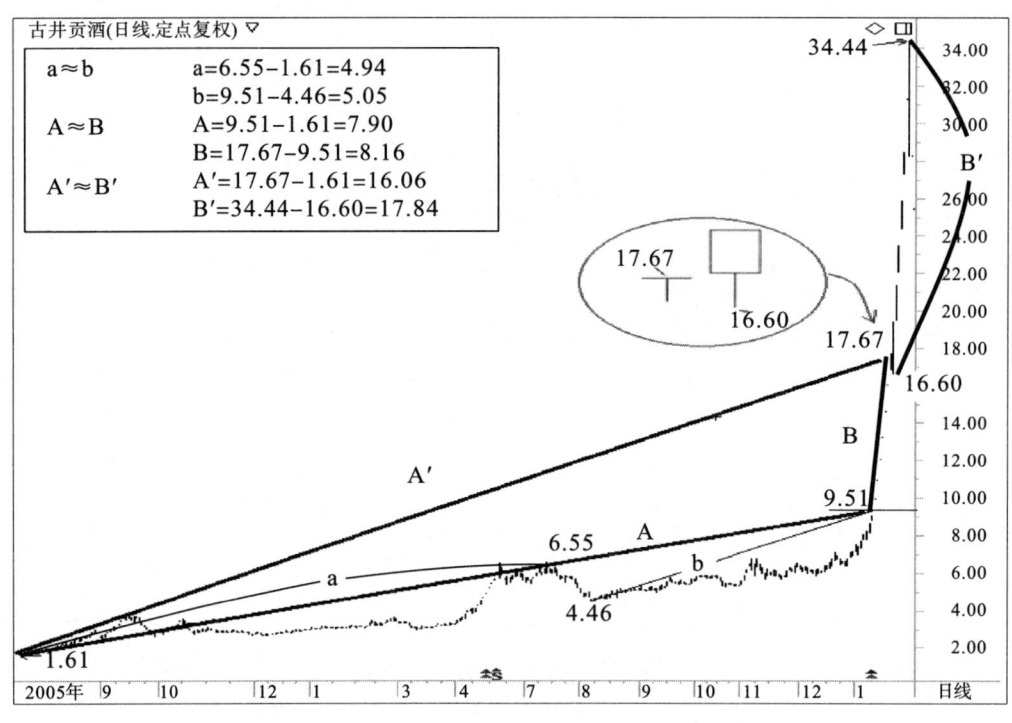

图 1-4-4

图1-4-4是古井贡酒（000596）2005年至2007年的走势（图形已经进行过复权处理），A段与B段的接合部是一个跳空缺口，我们以该缺口的中间价位9.51元作为A段的终点及B段的起点，根据该起点不难计算出B段终点可能产生的位置。B段是一段连续一字板的飙涨行情，当它到达

上涨值与 A 段大致相当的位置时出现了 T 字线，后续行情继续发展，这根 T 字线成了承前启后的中继 K 线。从图中可以看出，该 T 字线的高点成为 A′段的高点，由于次日仍有比该 T 字线低点更低的低点，因此，取次日低点计算 B′段的目标位。

第二章

股价波动的外在模式（一）
——泛五浪结构模式

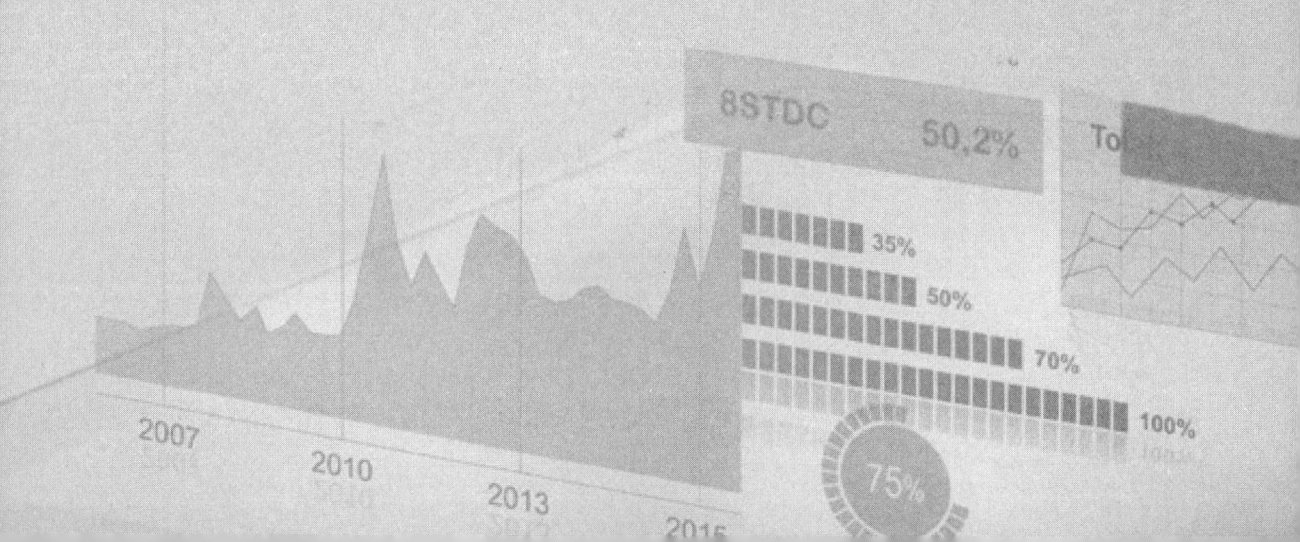

大明："三段等值"是三进制的基本模式，这个比较容易辨识。但有时由于某些段出现更小级别的三进制，致使三段的波动值明显不同，从而出现了一些较为复杂的表象。

小简：那这些复杂的表象有没有规律可遵循呢？

大明：这方面我也总结出了一些模式。

小简：具体是什么样的呢？

大明：这些模式我把它们统称为泛五浪模式，每一段泛五浪模式的走势都应该当作一个整体来对待，按照局部三进制回归总体二进制的办法来判断后续走势。还有就是当价格出现了三角形、箱体或通道特征时，要按照三角形、箱体或通道的方法来分析判断。

小简：那先讲讲泛五浪模式吧！这里的泛五浪，我理解，应该就是类似于艾略特波浪理论的五浪吧？

大明：大致如此！之所以不用"五浪"而用"泛五浪"，是因为我是完全从实际情况出发，不会受既有学说的条条框框所束缚的，加了个"泛"字，表示包含了它，但不是完全等同于它。

小简：有哪些不一样的呢？

大明：比如说，艾略特的波浪理论有两个铁律：一个是上升趋势中，四浪的底也即五浪的起点不能低于一浪的顶；下降趋势中，四浪顶也即五浪起点不能高于一浪底。另一个是,三浪不能是最短的一浪。我所说的这个泛五浪结构,四浪底即五浪起点低于一浪顶不会是禁忌,三浪是最短的一浪也是常有情况。

小简:完全以实际情况来总结?

大明:是的!比如图2-0-1,这是创业板指数2011年9月到2012年底的周线图,它的S段的高点就明显高于A段的低点,这在艾略特波浪理论里边是不能解释为五浪结构的。但是它的第一段跟第三段几乎完全等长,把它看成一个整体进行分析是很必要的,也是合理的。因此我把它归结为泛五浪结构。

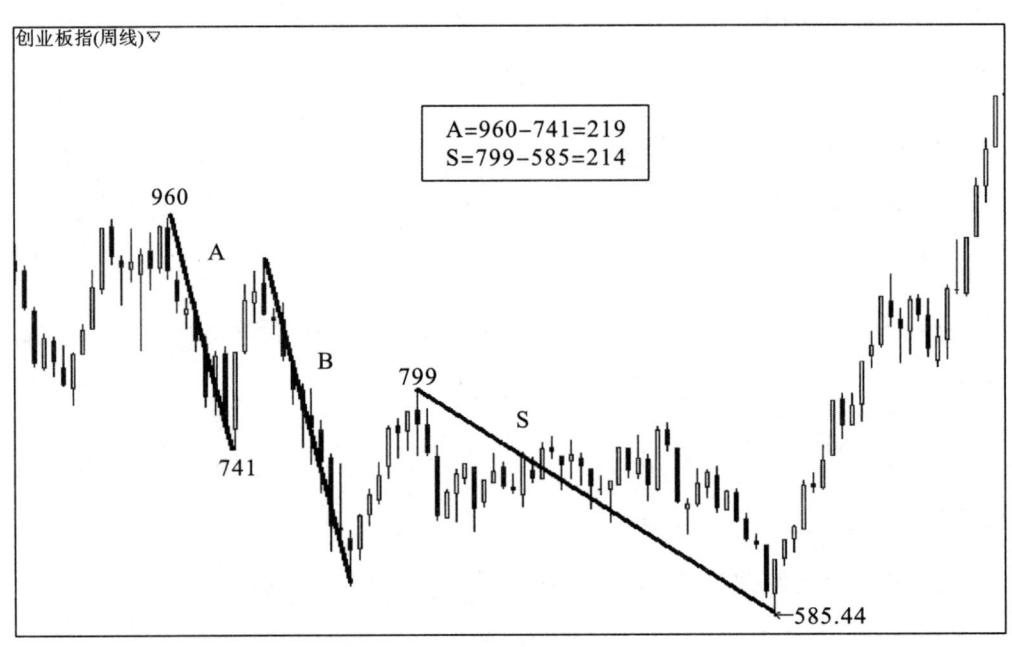

图 2-0-1

小简:确实是这样的!

大明:上证指数2018年7月26日高点到2019年1月4日低点之间的走势也是这种模式(见图2-0-2)。

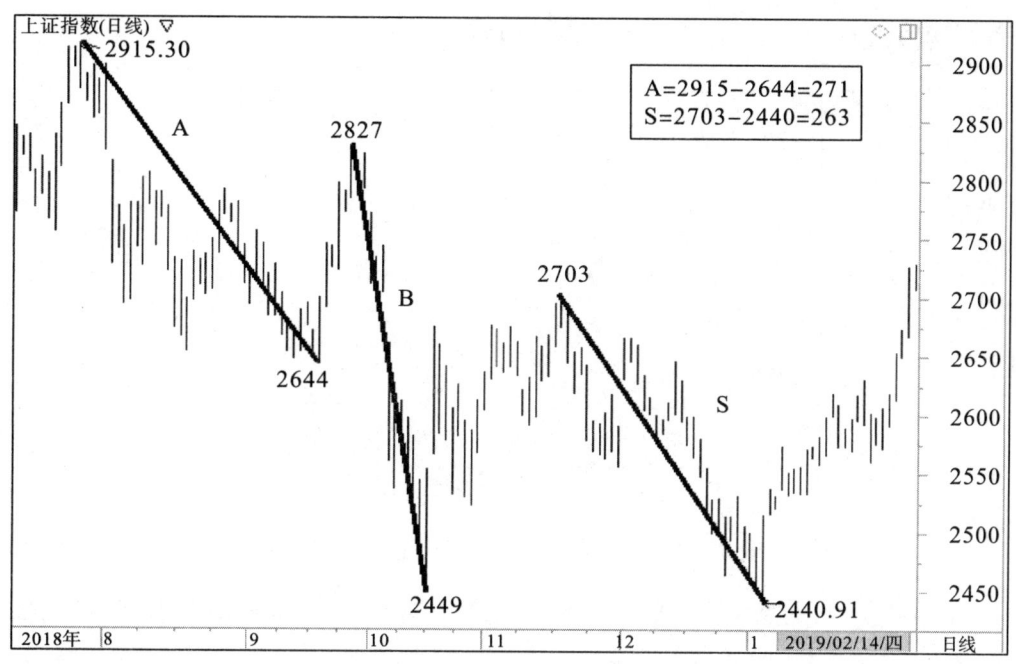

图 2-0-2

大明：由于泛五浪结构是股价内在的二进制、三进制混合形成的外在常见表现形式，因此，熟记泛五浪结构，对实际应用有很大的帮助。

小简：那么，这个泛五浪结构的具体模式又是怎样的呢？

大明：这个泛五浪结构比较典型的有四种情况。下面，我们分别予以介绍。

第一节　首段短、后两段长

大明：泛五浪结构大致可以分为四种情况，这四种情况有一个共同的特点，就是三段中有两段是大致相当的。

第一种情况是，起始段比较短，然后运行两个比起始段长的波段，后面的两段波动值大致相当（见图2-1-1）。

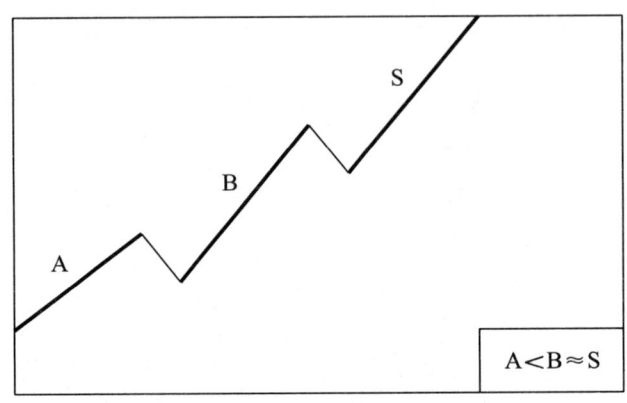

图2-1-1　首段短，后两段长

举一个例子，现货黄金2012年10月至2013年中的下跌，第一段从高点1795美元到低点1554美元，下跌了241美元；第二段从高点1616美元开始下跌，到达1321美元，下跌了295美元；第三段从1487美元下跌至1180美元，下跌了307美元。可以看出，第一段明显比后面两段短，而第二、三段的波动值却大致相当（见图2-1-2）。

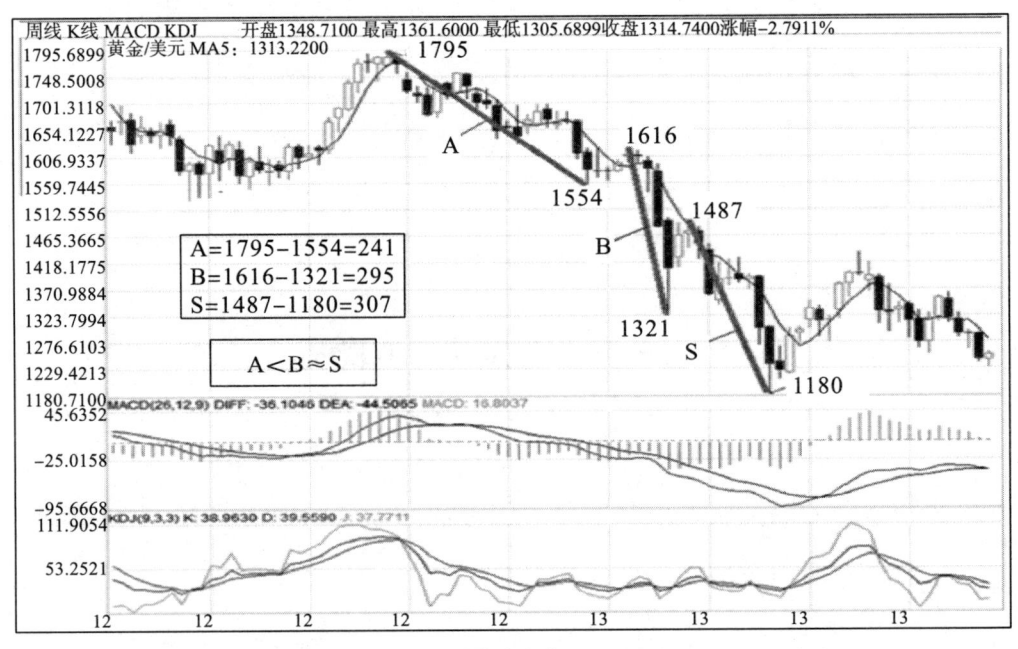

图2-1-2

小简：这张图，直观上来看，第一段明显是由三段构成的。

大明：是的，第三段的内部结构也明显是三进制的。

小简：但它们最终呈现的就是这一种固定的模式——首段短、后两段长且基本等长的模式。

大明：没错！我们再来看看另外一个例子，宇信科技（300674）2019年1月31日低点到2019年3月8日高点之间的这段走势，可分为三段，第一段自低点24.73元起到31.82元，上涨了7.09元；第二段从29.50元到42.05元，上涨了12.55元；第三段从32.85元起到最高点44.82元，上涨了11.97元（见图2-1-3）。其实，第一段的起点到第二段的高点之间，也符合二进制模式，但加上了第三段，也可以理解为泛五浪模式的首段短、后两段长模式。

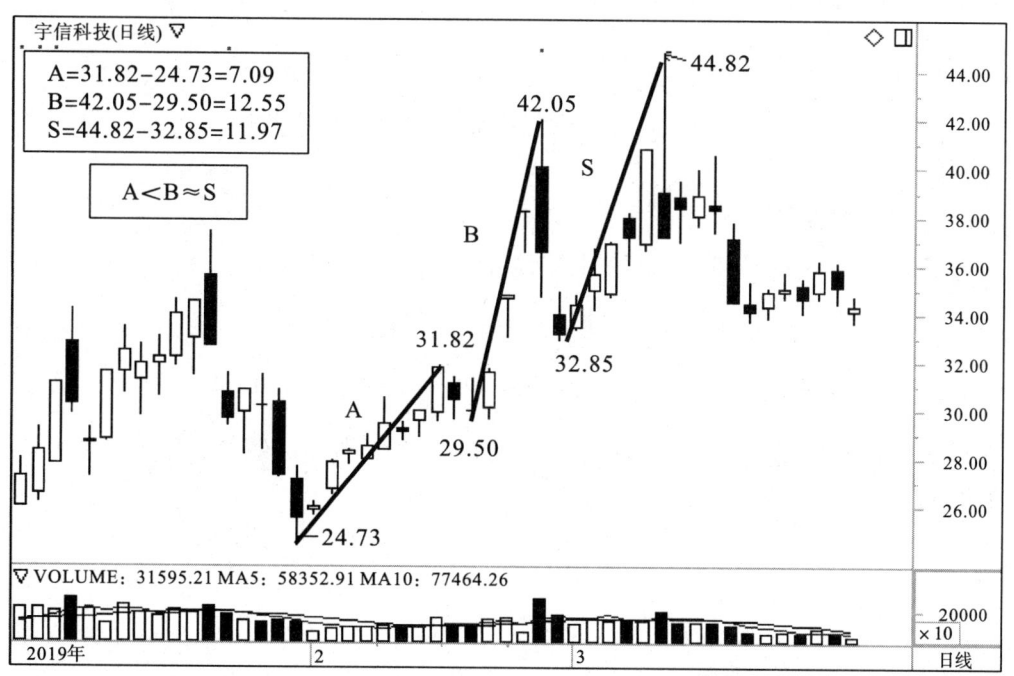

图 2-1-3

第二节 两端长、中间短

大明：第二种情况是，中间段比较短，首尾两段比较长，且它们的波动值大致相当（见图2-2-1）。

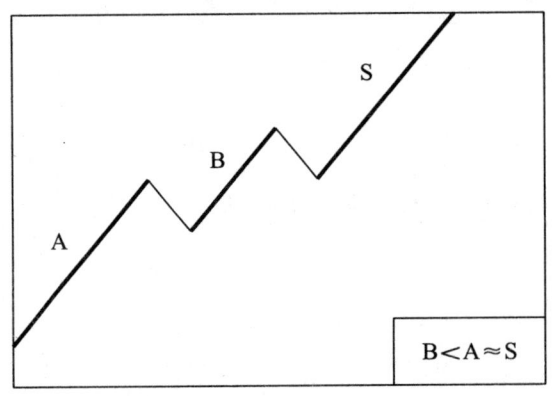

图2-2-1 两端长、中间短

比如华西股份（000936）2017年11月底至2018年2月9日的这波下跌趋势。第一段自高点8.49元下跌至7.04元，下跌了1.45元；第二段自高点7.48元跌至6.32元，下跌了1.16元；第三段自高点7.28元下跌至5.70元，下跌了1.58元。第二段明显比另外两段短，其他的两段波动值相对来说比较接近，这就是中间短、两端长的模式（见图2-2-2）。

第二章 股价波动的外在模式（一）——泛五浪结构模式

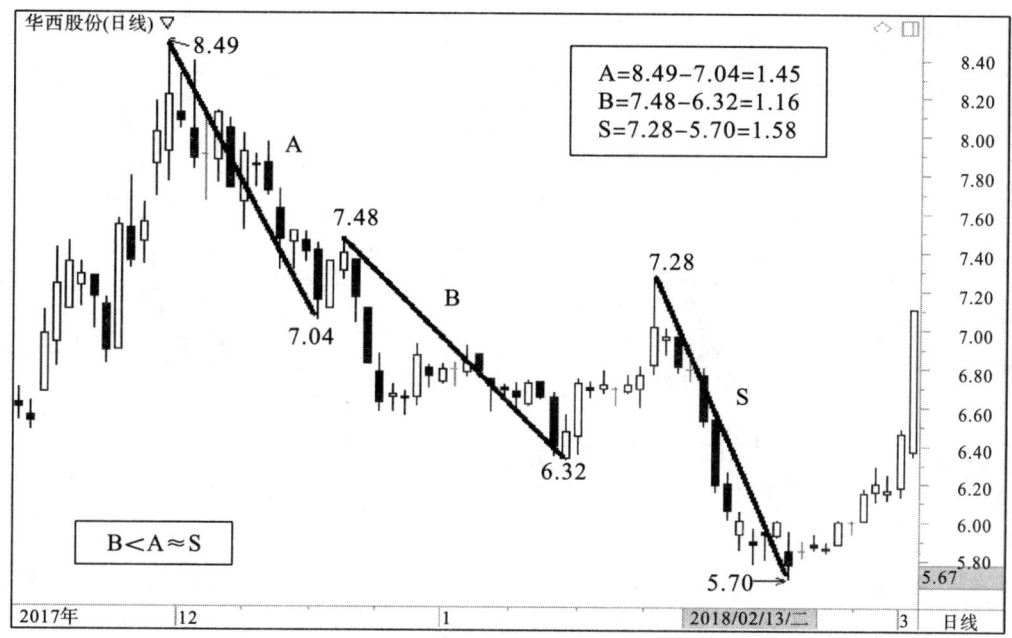

图 2-2-2

小简：我观察了一下，华西股份（000936）这波下降趋势的 B 段比较短的原因，是它由两个小段构成，第二小段比较短，如果补足第二小段的波动值，那么 B 段的总体波动值就跟 A 段和 S 段差不多了。

大明：没错，观察得挺细致！这些泛五浪模式，大体都是由于某些级别上出现局部三进制而产生的。好多类三角形模式也可以看作是两端长、中间短的泛五浪模式。比如浦东建设（600284）2018 年底到 2019 年初的走势（见图 2-2-3），既可以看作大三角形向上突破，也可以看作是两端长、中间短的泛五浪模式。

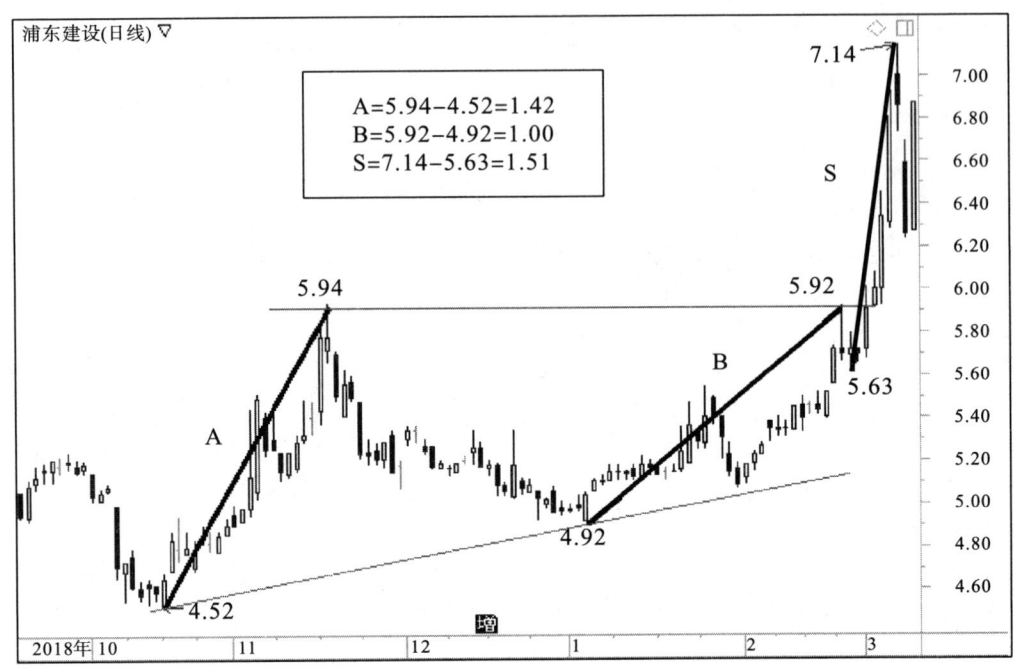

图 2-2-3

第三节 前两段长、末段短

大明：接下来，我们来看看第三种情况，前面的两段比较长，且波动值大致相当，最后一段比较短（见图 2-3-1）。

上证指数从 2013 年中 1849 点到 2015 年中 5178 点这波牛市行情，就是这种模式。上证指数从 2013 年 6 月份的低点 1849 点，到 2015 年 6 月份高点 5178 点，共上行了三大段，其中第一段自 1849 点起，到 3406 点为止，共上升了 1557 点，第二段自 3049 点起，到 4572 点为止，共上升了 1523 点，这两段大致相当。最后一段自 4099 点起，到 5178 点，仅上升了 1079 点，成为最短的一段。第三段之所以在 5178 点戛然而止，最大的技术原因是已经到达超级大箱体的理论涨幅（见图 2-3-2）。

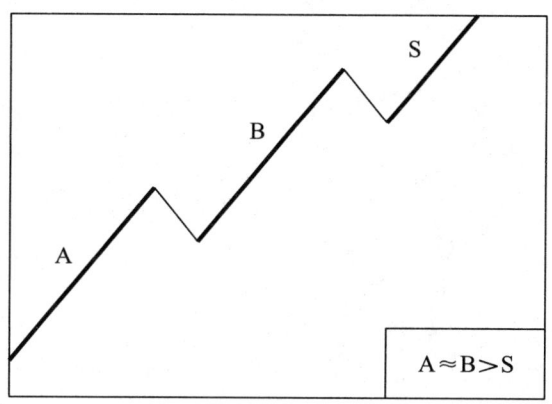

图 2-3-1　前两段长、末段短

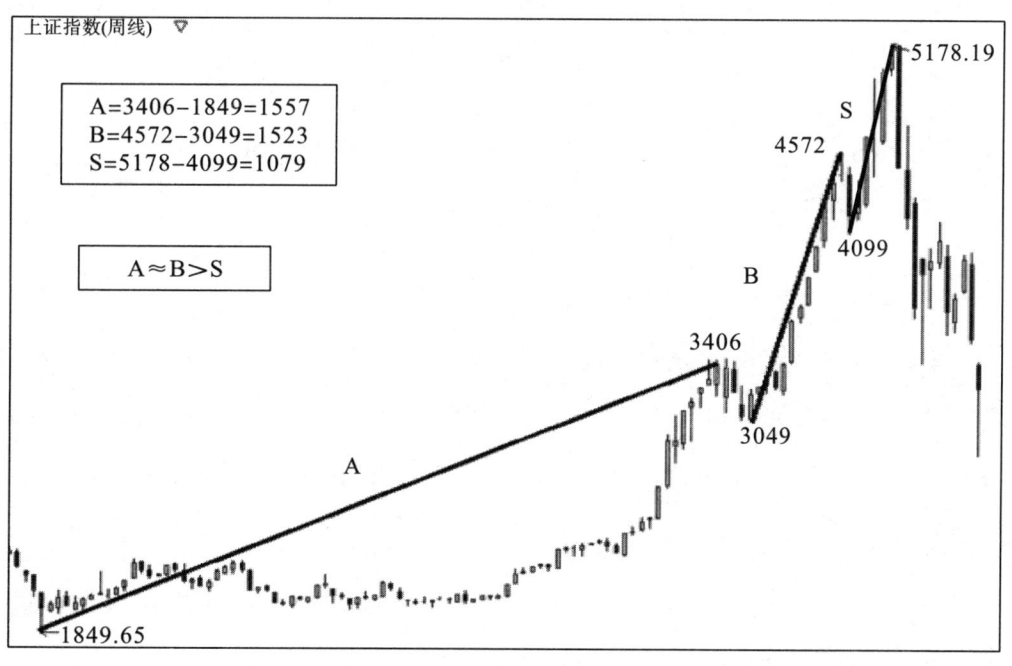

图 2-3-2

小简：看来技术是互相制约的，有时在什么位置出现拐点，不仅仅是由这个级别的技术原因决定，还会受制于其他级别的技术因素。

大明：没错，局部服从全局，也是技术分析化解矛盾的一个重要思维。下面这个例子也是体现头两段长、最后一段短的模式（见图2-3-3）。

图 2-3-3

华西股份（000936）2015年12月25日见到15.78元高点之后，完成了三段下跌。其中第一段自15.78元下跌至11.60元，下跌值为4.18元；第二段自13.03元下跌至8.57元，下跌值为4.46元；第三段自10.05元下跌至6.67元，下跌值为3.38元。前两段相对来说，比较接近，最后一段明显比较短。

小简：我发现这三段都是由两段差不多长度的小段构成的，只不过最后一段的中间反弹比较大，使得整段的长度比较小。

大明：是的，这也是泛五浪模式产生的原因之一。

第四节　中间长、两端短

大明：接下来，我们再来看最后一个泛五浪模式。这个是中间长、两端短模式，即中间的波段比较长，两端比较短且波动值大致相当（见图2-4-1）。

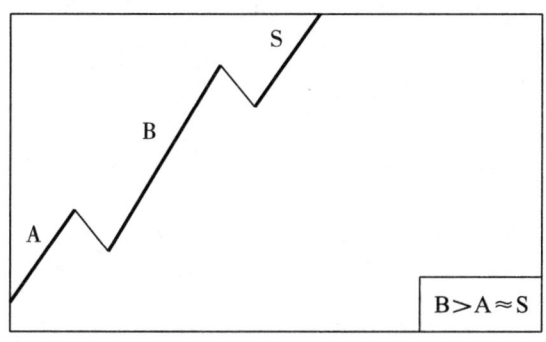

图 2-4-1　中间长、两端短

我们前面举过黄金 2012 年 10 月至 2013 年中的例子（图 2-1-2），是首段短、后面两段长的模式，其实那段走势是 2011 年 9 月高点 1920 到 2015 年 12 月低点 1045 的下跌趋势的中间部分，而 2011 年 9 月高点 1920 到 2015 年 12 月低点 1045 的下跌趋势整体上是中间长、两端短模式。这波下跌，第一段从 1920 美元下跌到 1521 美元，共跌去 399 美元；第二段从 1795 美元下跌到 1180 美元，共跌去 615 美元；第三段从 1433 美元跌到 1045 美元，共跌去 388 美元。中间段明显比较长，而首尾两段的波动值比较接近（见图 2-4-2）。

小简：这种模式应该比较多。

大明：是的！上证指数 2018 年 1 月底高点到 2019 年 1 月初这波下跌趋势，也是属于这种模式（见图 2-4-3）。

图 2-4-2

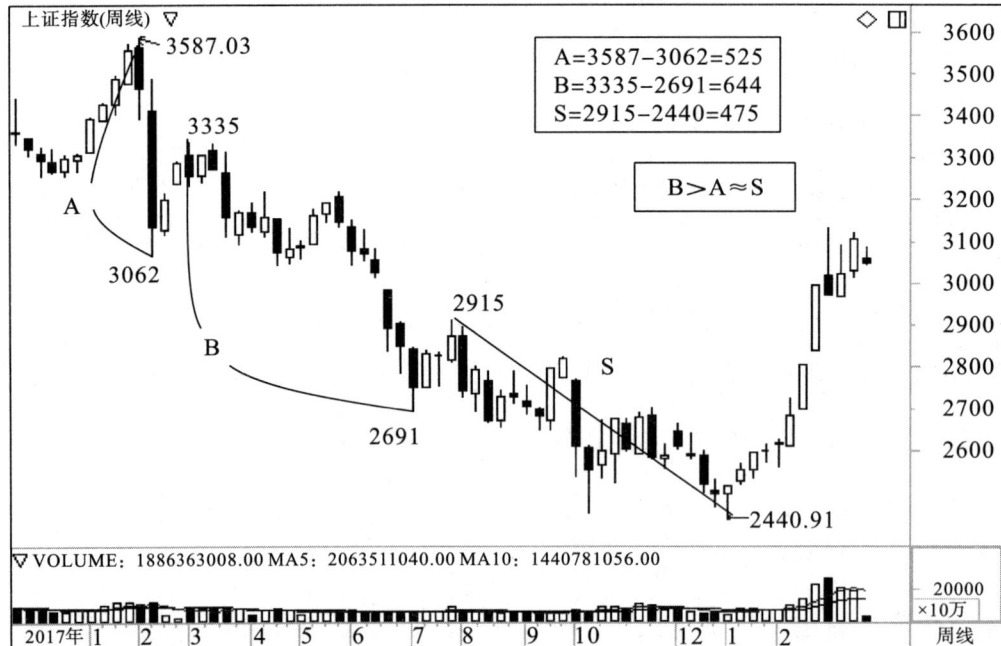

图 2-4-3

第五节　泛五浪模式综合案例

大明：前面展开的是泛五浪模式的四种主要表现方式。其实上证指数6124点下跌到1664点的这波历史性大熊市在总体和局部上就至少出现了其中的三种。总体上，它是两端长、中间短模式，首尾两段波动值大致相当（见图2-5-1）。

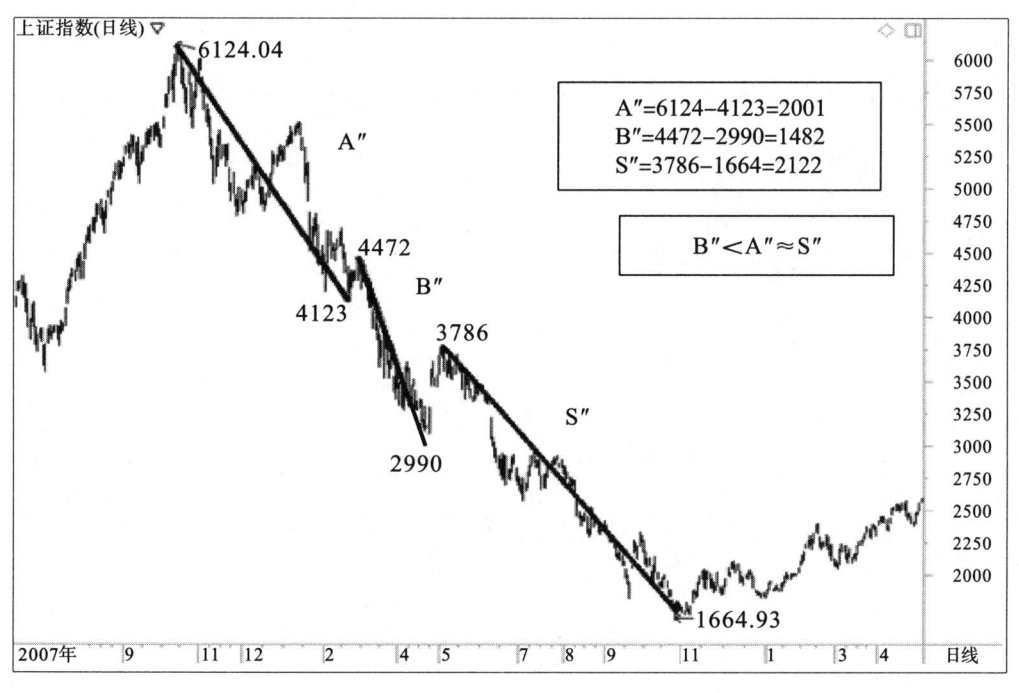

图 2-5-1

小简：A″段的低点为啥是4123点？

大明：因为A″段由两个波段构成，第二个波段是泛五浪结构的首段短、后两段长模式，应该将它当作一个整体，不能打散。

小简：明白了！

大明：构成 A″段的第一波段，是泛五浪模式的中间长、两端短模式，首尾两端的波动值大致相当（见图 2-5-2）。

构成 A″段的第二个波段，刚才提到了，是首段短、后两段长模式，它后面两段波段值大致相当，S 段由两个小段构成，两个小段的波动值也大致相当（见图 2-5-3）。

另外，B″段是一分为二模式（见图 2-5-4）。

S″段由两个波段构成，它们都是较为标准的局部三进制模式（见图 2-5-5）。

图 2-5-2

第二章 股价波动的外在模式（一）——泛五浪结构模式

图 2-5-3

图 2-5-4

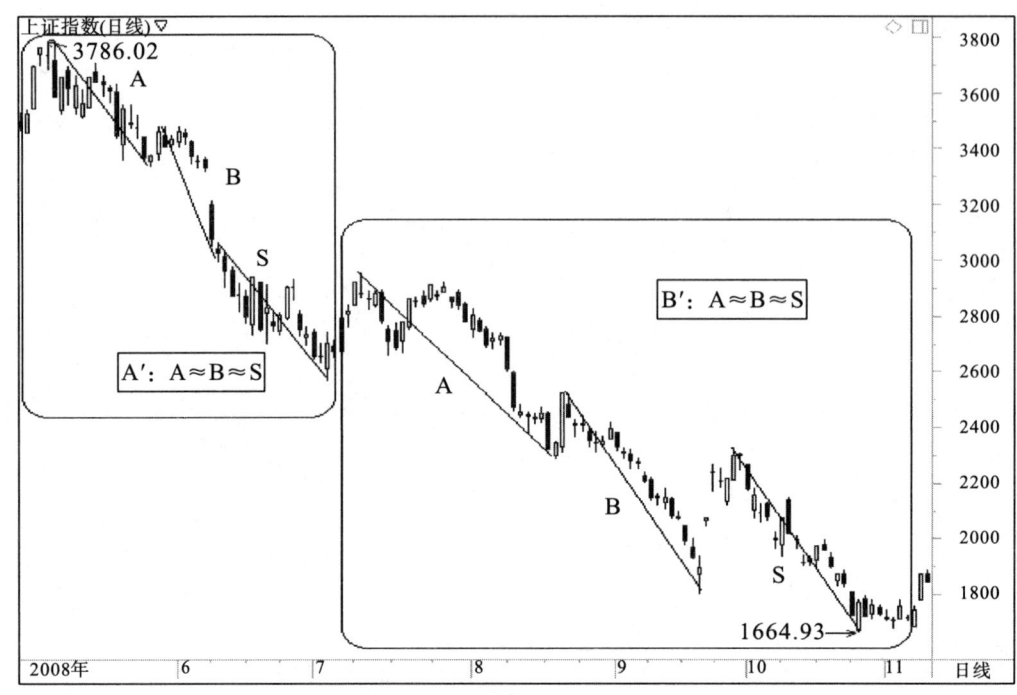

图 2-5-5

小简：看来，局部三进制确实广泛地存在于各个局部呀！对了，您前面提到过，泛五浪出现之后，预判它后面的走势时，要把泛五浪模式的这一段走势当作一个局部三进制的整体来对待，按照局部三进制回归总体二进制的办法来判断后续走势。能否举个例子方便理解呢？

大明：好的！刚好前期有朋友问到天龙光电（300029）这只股票，它在2011年2月24日到2012年12月4日的下跌趋势应该怎样解读。这个问题正好用这种方法来解决！你看下面这两张图。

小简：看懂了！它前期是中间短、两端长的泛五浪模式（见图2-5-6），延长第三小段s，使其与第一小段a起点到第二段b终点的波动值相等，这样就很可以判断出第二段B的最终位置了（见图2-5-7）。

大明：没错！

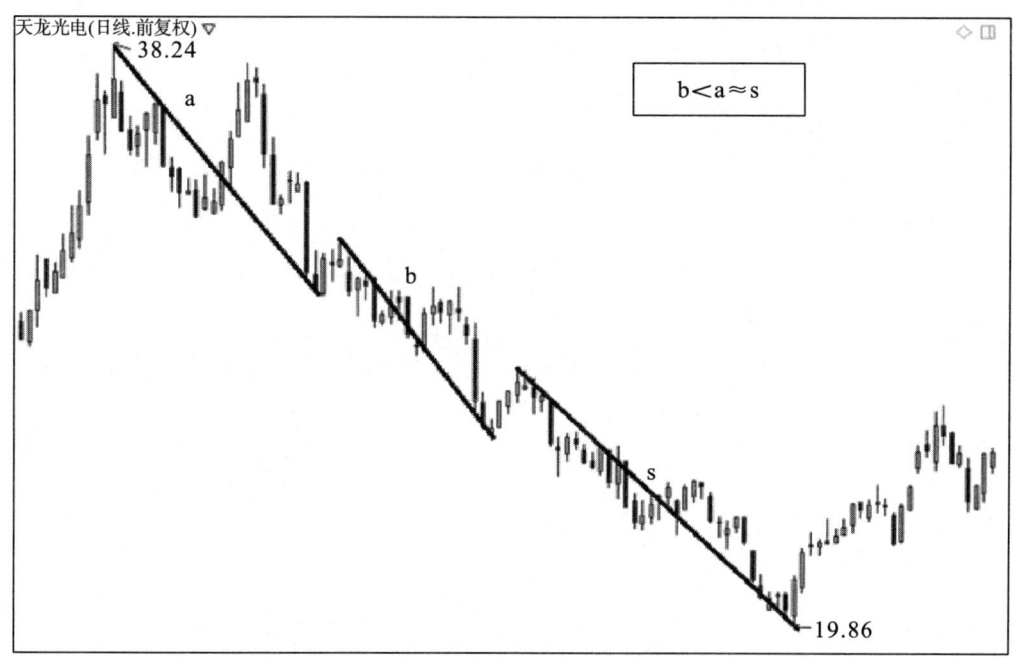

图 2-5-6

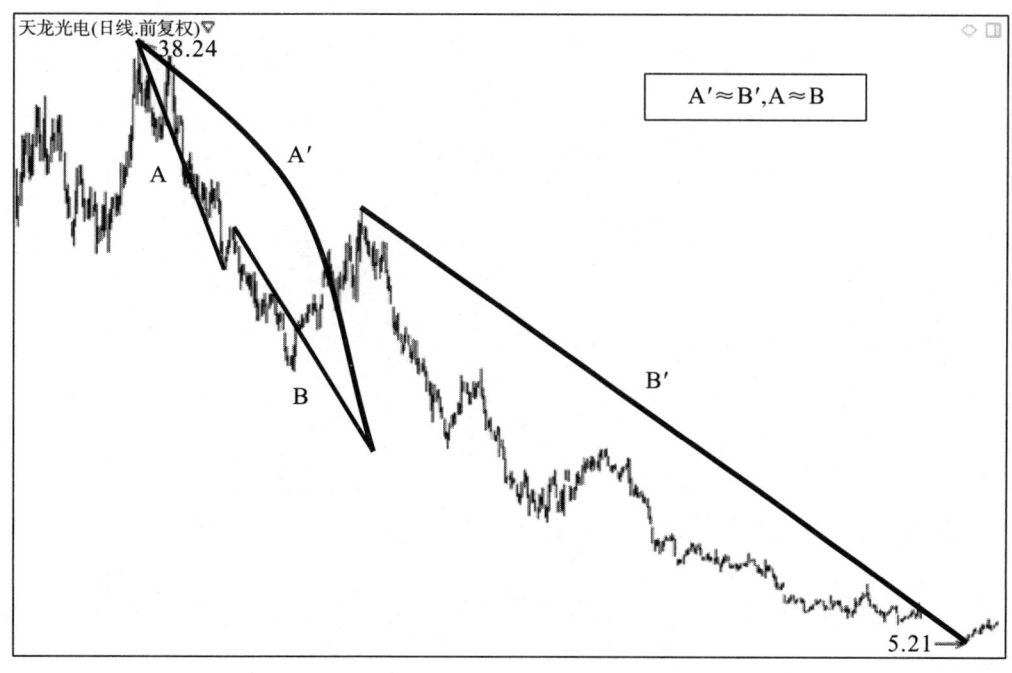

图 2-5-7

第三章

股价波动的外在模式（二）
——牛角模型

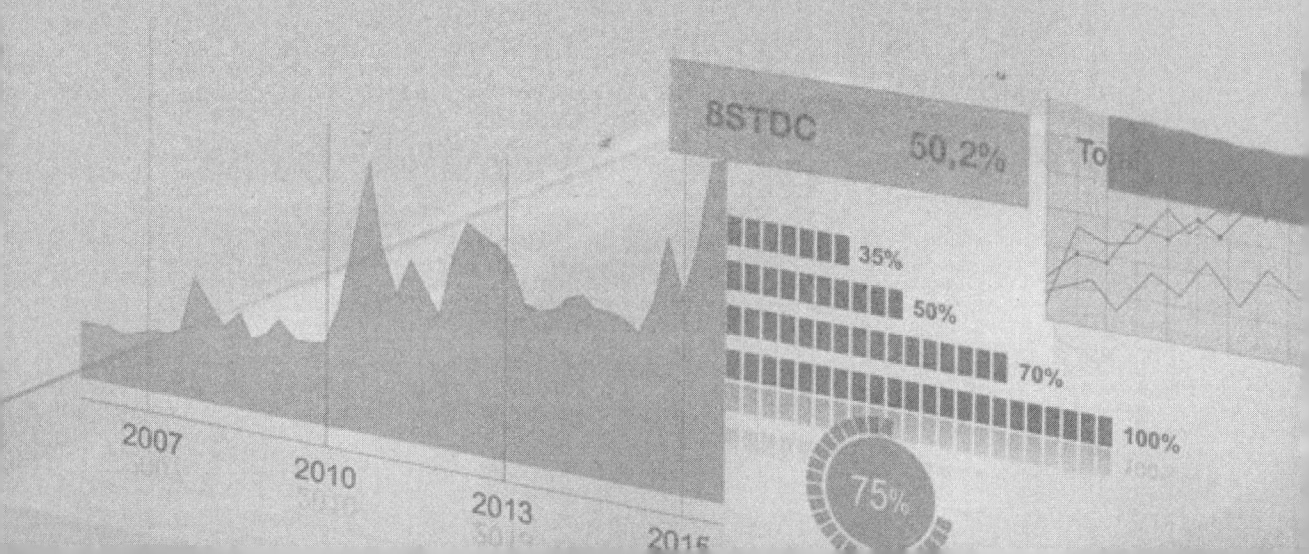

大明：虽然价格内在的二进制和三进制搅和在一起之后，会使股价呈现出纷繁复杂的表象，然而这些纷繁复杂的表象却也不是无章可循的，根据我的研究，它们可归结为两类外在模式，一类是"泛五浪模式"，另一类是均衡态与失衡态互相转换的"牛角模型"，这两类外在模式并非完全独立，两者存在着很多交集。

小简：泛五浪模式已经讲过，很想知道"牛角模型"是怎么回事！

大明：请看下面的模型图（见图3-0-1），因为它长得像牛角，我戏称为"牛角模型"，实际上，它表现的就是均衡状态与失衡状态的互相转换。

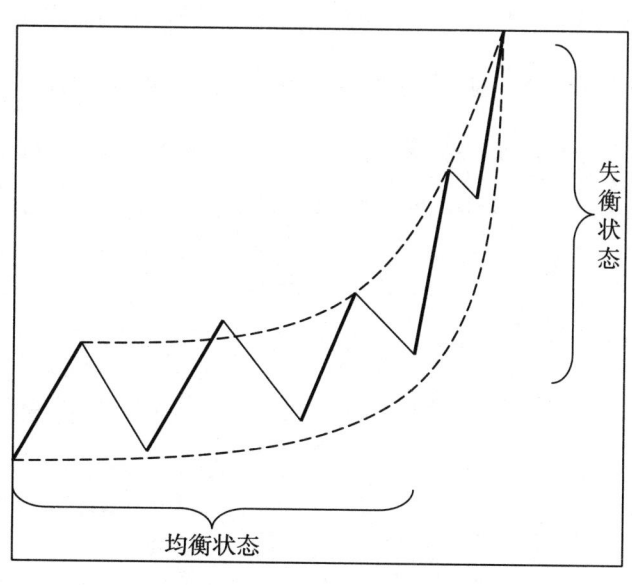

图3-0-1 "牛角模型"

小简：呵呵！这个图挺形象的！

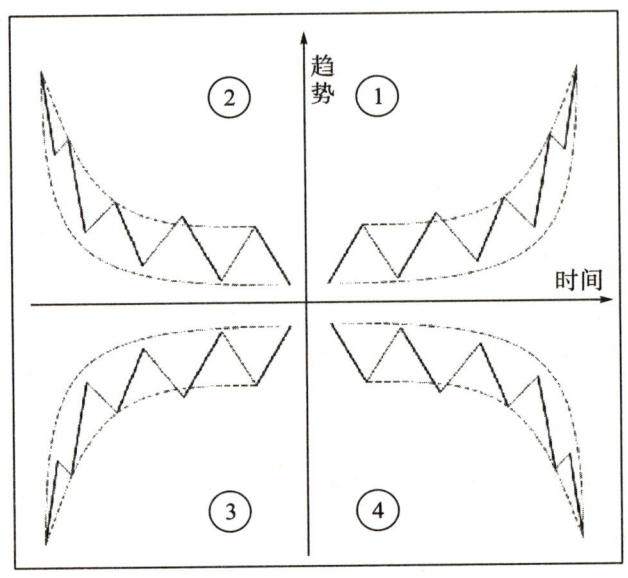

图3－0－2 "牛角模型"四象限

大明：这种均衡状态与失衡状态的转变，大致有四种表现形式，图3－0－2四象限分别对应上升趋势的均衡状态转向失衡状态、下降趋势的失衡状态转向均衡状态、上升趋势的失衡状态转向均衡状态以及下降趋势的均衡状态转向失衡状态四种表现形式。为了方便描述，我们在谈论"牛角模型"的时候，一般都以第一象限为基准，其他象限的情况参照第一象限。

小简：这就是"举一反三"！那么，它是如何应用的呢？

大明：实际上，这个均衡状态还可以细分为三类，箱体、通道和三角形。

小简：您之前提过，箱体和通道并没有什么本质区别，箱体是水平的通道，通道是倾斜的箱体，三角形可看作箱体的变异形式。

大明：没错，它们确实没有什么本质区别，基本上都是均衡的状态，由于外在形态还是有一定的区别，下面我们将分别讨论。

第一节　依托箱体的牛角模型

大明：我们以第一象限为基准，首先探讨依托箱体的牛角模型。箱体理论你应该不陌生吧？

小简：这个理论，我还是比较了解的。箱体理论是这么认为的：当股价下降到箱体的底部时会受到买盘的支撑，当股价上升到箱体的顶部时会受到卖盘的压力，从而形成一段时间内的区间震荡。而当股价有效突破原箱体的顶部或底部，股价就会进入一个新的箱体，原箱体的顶部或底部将成为重要的支撑位或阻力位。

大明：没错，价格如果较长时间盘踞在一个既定的区域里边，就会积聚较大的能量，它一旦突破盘整区域，这个能量便会释放出来，使股价体现出强劲的趋势，往往会使股价超出"结构满足点"。

小简：按照箱体理论，股价向上突破箱体，一般都会叠一个箱体上去。

大明：是的，由于箱体可识别性非常强，因此，我们经常借助它来辅助判断，在很大程度上减少了由于二进制和三进制混合产生的复杂表象的困扰。例如图3-1-1，这是道琼斯工业指数2015年8月到2018年4月的周线图，从图中，我们可以看到，第二段是一个"中间长两端短"的泛五浪模式，在它走出来之前我们很难判断出它会走这种模式，毕竟，二进制结构满足点是b段的高点。但是由于它前期是箱体形态，那我们就比较容易判断出它实际的高点将在哪里产生了。

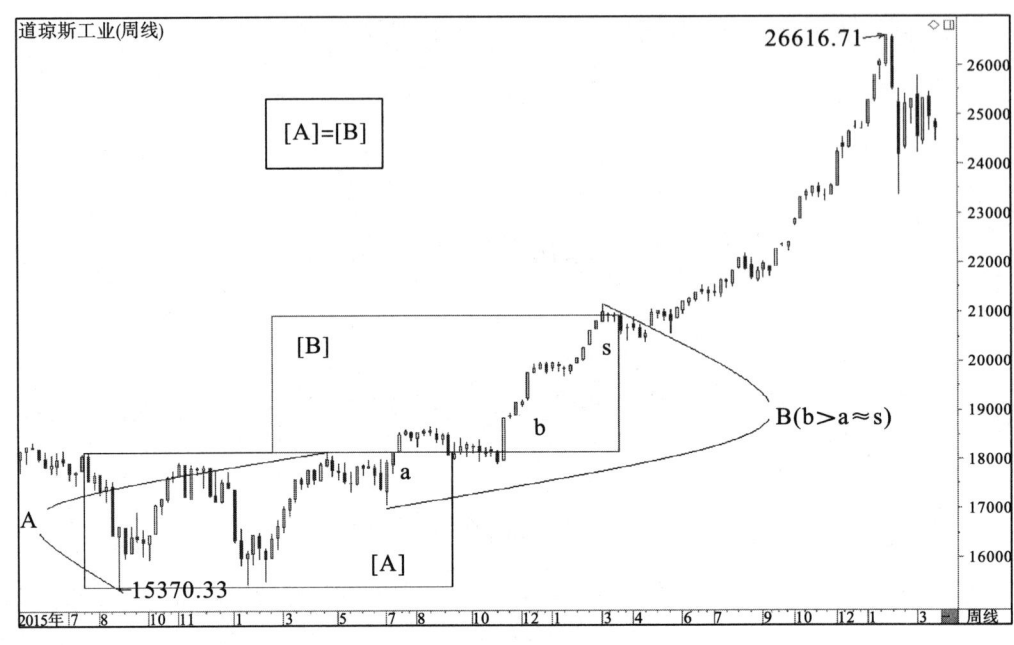

图 3-1-1

小简：是的！它的实际高点就是在箱体上面再叠一个箱体上去后所到达的高点。看来箱体是一个重要的辅助工具。

大明：这就是一般研判箱体突破后的波段目标位的方法，这种方法是在箱体的最高点上叠加箱体，我称之为取高叠高，意思就是，箱顶区域有两个或两个以上的高点，取最高的那个作为箱体的高度，然后叠加到最高的这个点上，计算箱体突破之后的目标位（见图 3-1-2）。这种是最常见的。

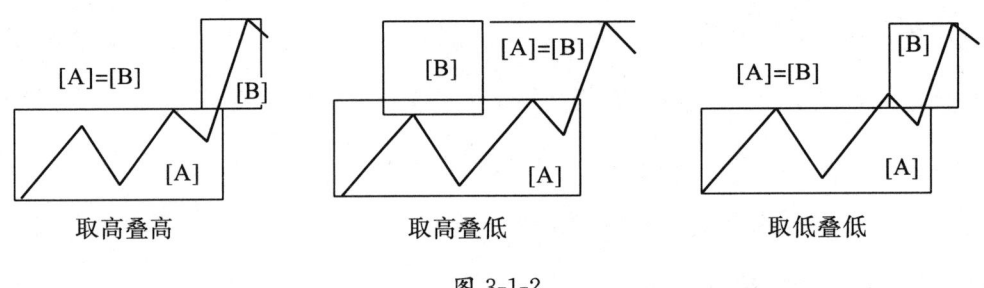

图 3-1-2

但在某些较特殊的情况下，叠箱体是叠在箱顶区域若干波段高点的较低的高点上面的。这种情况比较多地出现在第二波的高点比第一波低的状态下。例如图 3-1-3，这是英镑/美元 2001 年、2002 年的周线图，从图中我们可以看出，这个箱体的第二个高点较低，这种情况，就要考虑取高叠低的推算方法。它的高点刚好在取高叠低的箱体顶端。

图 3-1-3

小简：这种方法确实直观，我观察了一下，它的内部结构是"中间长两端短"的泛五浪模式，中间 B 段之所以比较长，是因为它刚好是小箱体突破后的加速趋势（见图 3-1-4）。

大明：分析得很不错！下面我们再看一个案例。图 3-1-5 是美元/日元 2016 年的日线图。我在 2016 年 7 月初为内部学员录制了一个视频，就讲到美元/日元正在酝酿千点以上大行情，最终它上涨了 1800 点。这张图中，它在大箱体的内部又运行了小箱体，发力位置低于大箱体的箱顶，同样比较适合用取高叠低的方法。实际的波段的高点也刚好是取高叠低的箱体顶端。内部结构体现为简单的"合二而一"模式。

图 3-1-4

图 3-1-5

小简：叠箱体之后的 S 段，波动值与前面的 B 段和 A 段基本相同，这里又构成了局部三进制（见图 3-1-6）。

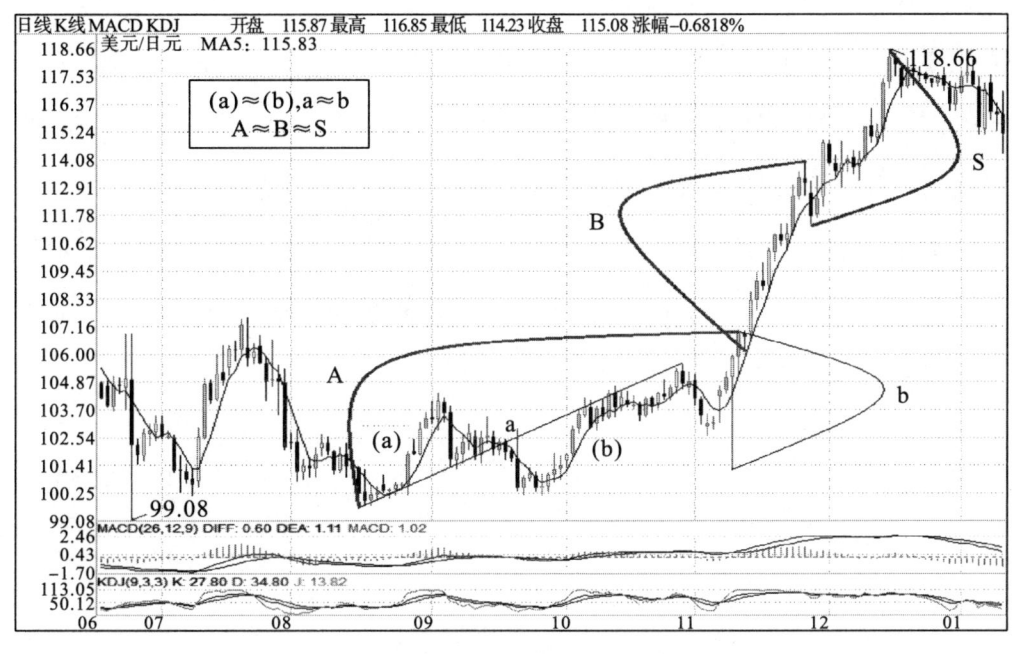

图 3-1-6

看来牛角模型也可以理解为是对泛五浪模式的一种辅助解读。

大明：它本身就是一个解读系统，同时也经常契合泛五浪模式。

第二节　依托通道的牛角模型

大明：前面讲的牛角模型，它处于均衡状态的时候，总体上基本是水平状态的。但有些时候，这个均衡状态可能不是水平的，而是有一定的倾斜度的。

065

小简：哦！我知道，您要说的是通道，因为通道是倾斜的箱体。

大明：呵呵！没错！通道理论的分析原理是什么？

小简：当股价跌到通道下轨，股价会受到买盘的支撑而回升，股价上升至通道的上轨时，将受到卖盘的阻挡而回落。如果股价向下突破通道下轨，则意味着股价向下破位，将下跌至下一个通道下轨。如果股价向上突破通道上轨，则意味着股价向上突破，将上升至下一个通道的上轨。

大明：是呀！这跟箱体理论确实是非常一致的。只不过，箱体是水平的，通道总体上有一定的倾斜度，呈现一定程度的趋势特征，因此，通道也可以理解为"倾斜的箱体"（见图 3-2-1）。

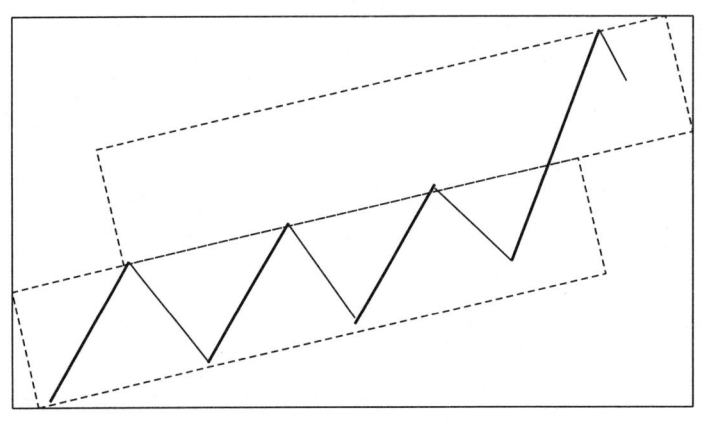

图 3-2-1　通道：倾斜的箱体

我们来看看图 3-2-2，这是 2009 年上证指数的一段走势，它的前半段是"一分为二"模式，整体是"合二而一"模式。

小简：这段走势结构不是特别清晰。

大明：是的。但它有个明显的特征，就是它震荡式的上涨，而且这个震荡被限定在一个通道里边。分析的时候，如果能识别出它的通道特性，就可以更好地对这个走势加以把握和利用（见图 3-2-3）。

第三章 股价波动的外在模式（二）——牛角模型

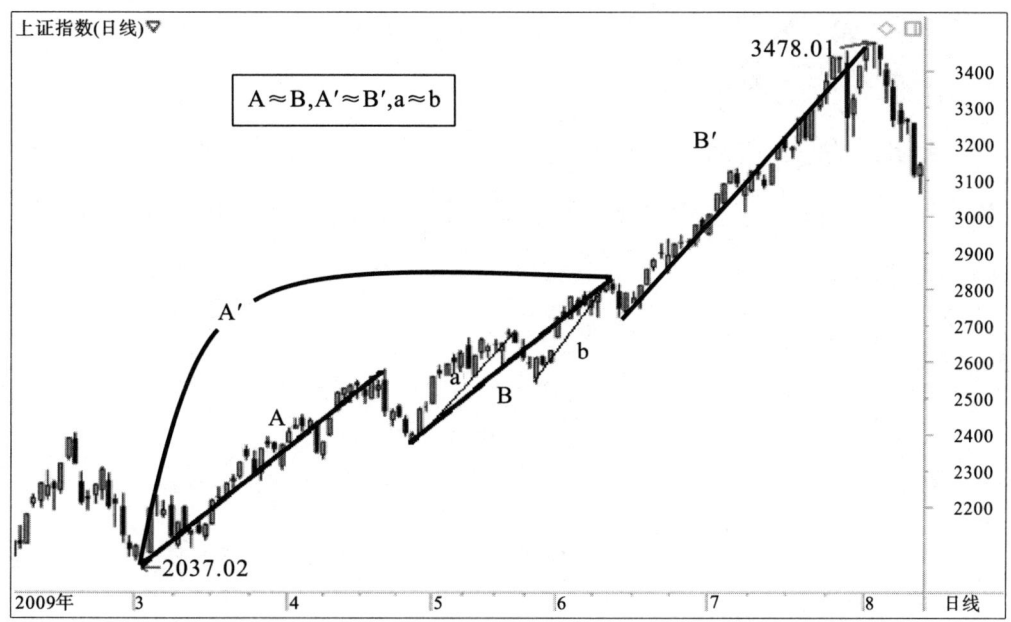

图 3-2-2

图 3-2-3

小简：通道是倾斜的箱体，那么，通道突破之后的叠加分析法是否也像箱体那样，有几种可能性？

大明：是的！前面提到的叠加箱体的方法，对于通道分析也完全适用。通道分析同样存在着取高叠高、取高叠低、取低叠低几种情况（见图3-2-4）。

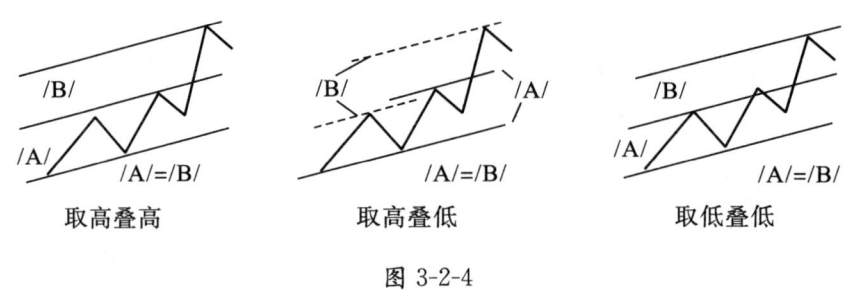

图 3-2-4

上证指数2007年曾经发生了著名的530事件。2007年5月30日凌晨，财政部突然宣布上调股票交易印花税，从1‰上调至3‰，使股市在短时间内暴跌900多点，在大跌之前价格走势并非简单的二进制模式，第一段分三小段，第三小段是中间长两端短的泛五浪模式，这种情况下，对第二段目标位的判断存在着一定程度的模糊（图3-2-5）。

但是，我们以更广的视野来观察，就会发现，上证指数的月线图曾经运行了长期的大上升通道，2007年530暴跌之前，指数已经运行至叠加通道的上轨，这是重要的技术阻力位，即使指数短期的内部结构尚未完成，也可能会被它所扭曲。借助通道这个重要的辅助研判手段，我们可以更好地解读市场实际产生的波动现象（见图3-2-6）。

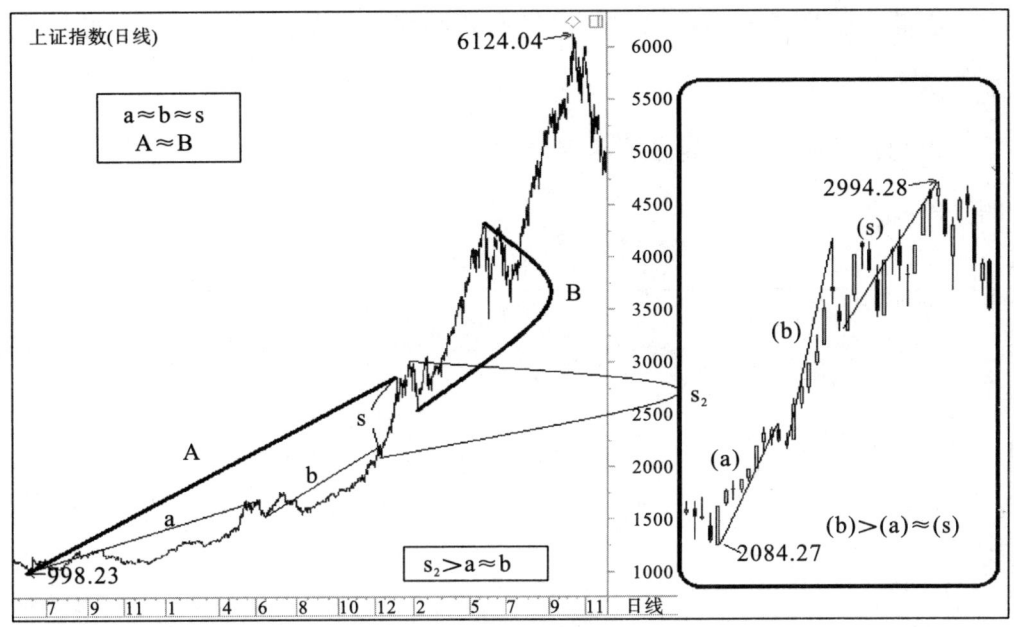

图 3-2-5

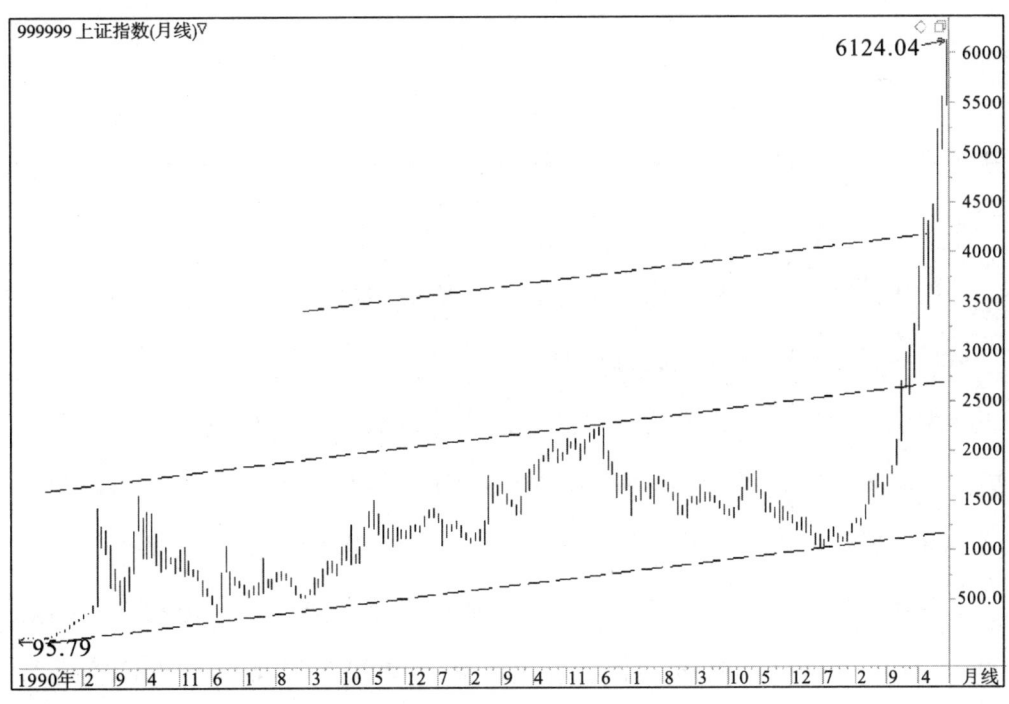

图 3-2-6

小简： 这种通道的叠加方法就是取高叠高，也就是通道比较常见的叠加方法？

大明： 没错！这个是上升趋势的例子，下降趋势也是一样。我们看下图 3-2-7。

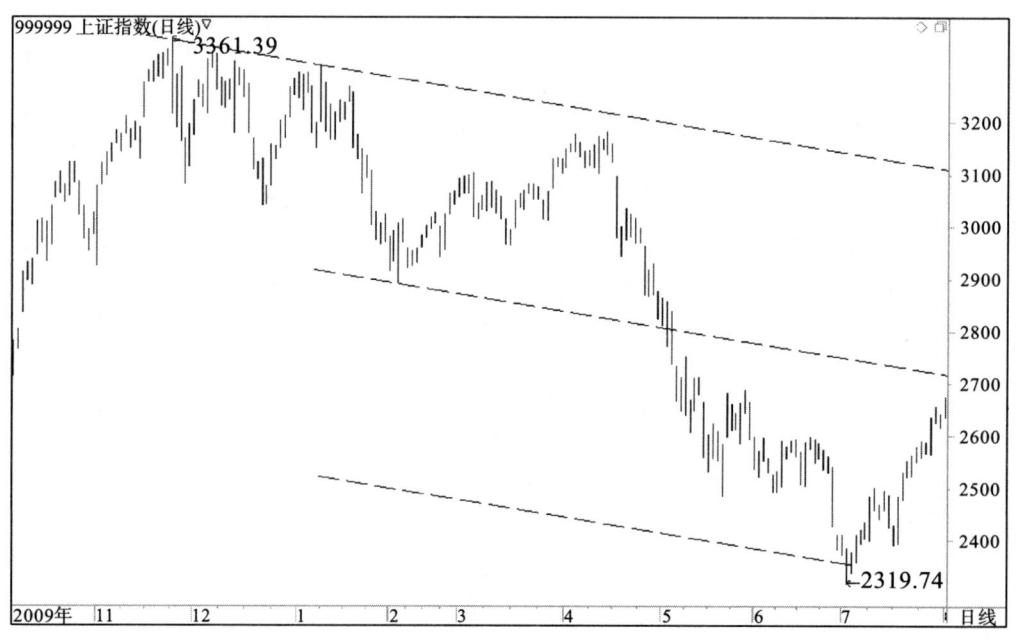

图 3-2-7

小简： 这个是取高叠高的下降版吧！换成下降趋势，是不是该改变一下称呼？否则，高低的说法有点混淆了。

大明： 记住上升趋势的模型图，以它为准就行了，再改名字，怕造成更大的混淆。图 3-2-7 是上证指数 2009 年底到 2010 年中的日线图，它总体上可以看作两端短中间长的泛五浪模式，由于前期几个高点几乎切及同一条下降趋势线，而且价格在一个下降通道内反复震荡，通道特性是明显的，因此，非常适合用通道的方法对它的走势进程及最终转折位置进行把握。

小简：内部结构的分析配合外在形态的分析，得出结论更为靠谱，实战中抄底也就更有信心了。

大明：是的！下面我们再介绍取高叠低的例子。图 3-2-8 是美元/日元的 240 分钟走势图。这个图中，A、A2、B2 三者波动值基本上是一致的，B 段的波动值比它们小，A 段是局部三进制，B 段的波动值相当于 A 段减去第一小段之后的波动值。A、B、A2 构成了中间短两端长的泛五浪模式，B、A2、B2 又构成了一短二长的泛五浪模式。

小简：有点复杂！

图 3-2-8

大明：不过，由于它前期在下降通道里边震荡较长时间，因此，用通道的分析方法，可以更直观地加以识别（图 3-2-9）。

小简：这个是取高叠低的下降版。

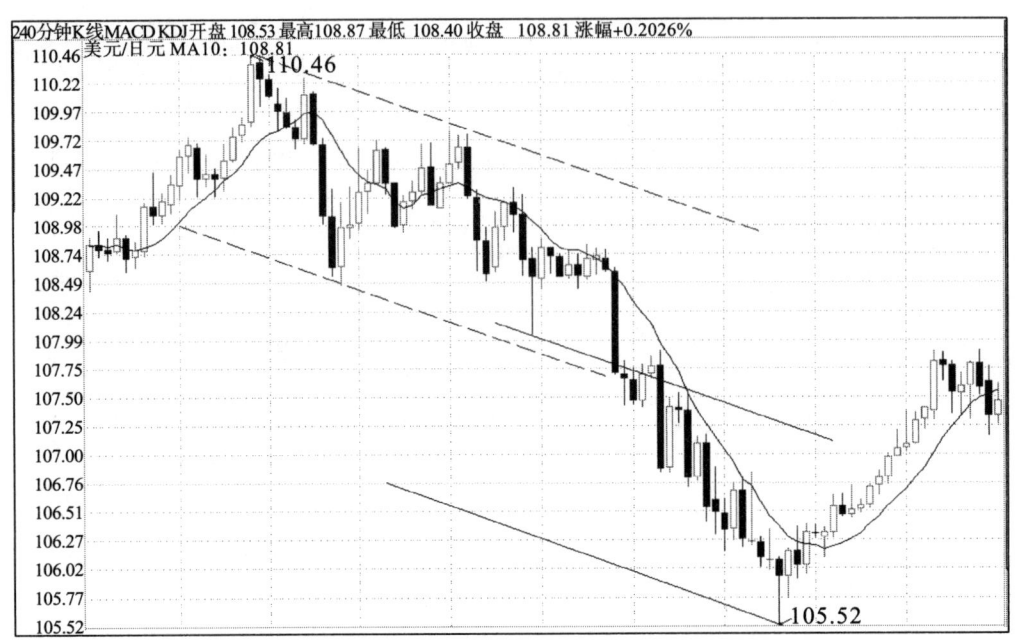

图 3-2-9

大明：嗯！它"第二只脚"比较短，经验表明，这种情况一般应首先考虑取高叠低或取低叠低。

小简：没错，它最终的低点刚好处于取高叠低的通道下轨！

大明：图 3-2-10 也是类似的情况，它是取低叠低的下降版。请看股票数据港（603881）2017 年底到 2018 年初的日线图。

小简：这个图形，好像结构上看不出二进制、三进制特征？

大明：其实，它是由于 b 小段比较短，补足 b 小段的波动值，就可以看出完美的二进制特征了（见图 3-2-11）。

小简：呵呵！果然如此！B′段是"合二而一"模式。

大明：前面讲泛五浪模式时，曾经举了这个例子，上证指数 2007 年底至 2008 年底的这波大跌。这段可以看作两端长中间短的泛五浪模式。

小简：这个图在模式识别上是有一定的难度的。

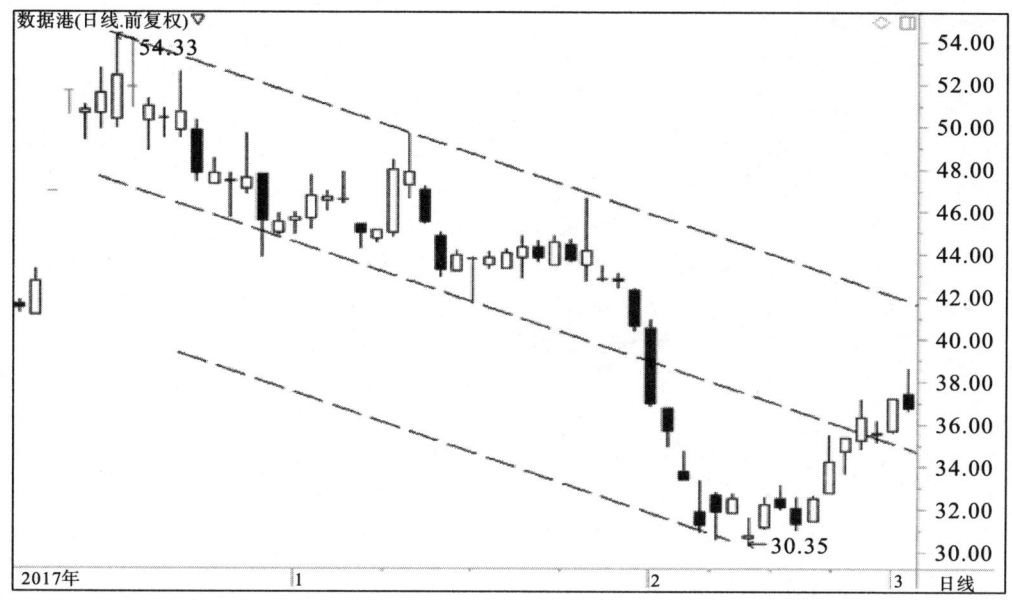

图 3-2-10

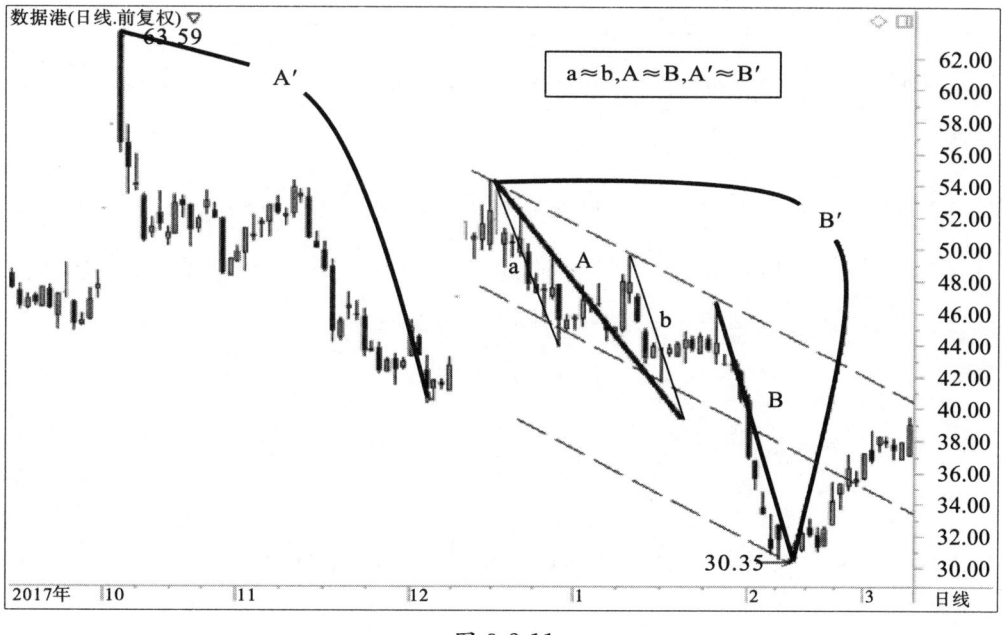

图 3-2-11

大明：由于它前期的三个高点切及同一条下降趋势线，分析中，可以考虑通道的方法在一定程度上加以辅助把握（见图 3-2-12）。

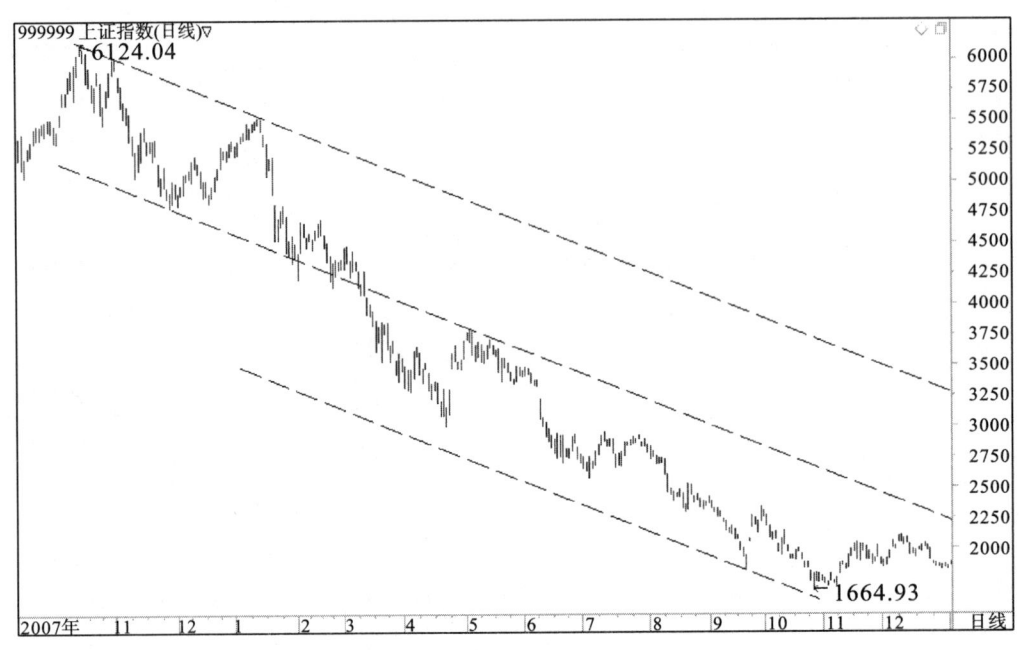

图 3-2-12

小简：它最终的走势确实体现了通道叠加原理，是取低叠低的下降版。

大明：总结一下，如果一段走势体现出比较复杂的结构，但是这些复杂结构又大致可以归入一个倾斜的通道，那么这段走势就具有了通道特性，就可以运用通道的分析原理对其进行分析研判。

小简：学习了！

第三节 依托三角形的牛角模型

大明：三角形是箱体或通道的变形，由于它逐步收敛的特征，使能量得到较大程度的集聚，一旦突破，一般都有较大的爆发力。依托三角形的牛角模型，在三角形末端将选择与三角形的起始段相同的方向进行突破，而且三角形末端突破的趋势段的波动值与三角形的起始段大致相当。现在我们来看实例，还是前面谈通道的时候举的例子，上证指数 2009 年底到 2010 年中的日线图，从局部来看，它是下降版的取高叠高的通道突破（参照图 3-2-7）。但它在更大的视野里边，我们把起点提前到 2009 年 8 月初的高点 3478 点，就可以看出，2009 年 8 月初到 2010 年 4 月中旬，上证指数构建了一个大型的三角形，它最终选择了向下突破，这个突破的趋势段与三角形的初始段方向相同，波动值大致相当（见图 3-3-1）。

图 3-3-1

小简：两个不同的视角，最终都指向了同一个拐点。

大明：没错，每一个整体，在更大的整体里边，就是一个局部。整体与局部，互相印证、综合分析，是技术分析的重要的思路。图 3-3-1 体现了以三角形为依托的牛角模型，它在更大的整体里边也是一个小局部。现在我们把图 3-3-1 的终点推后到 2013 年 6 月底的重要低点 1849 点，就可以看到一个依托更大规模三角形的更大规模的牛角模型了（见图 3-3-2）。

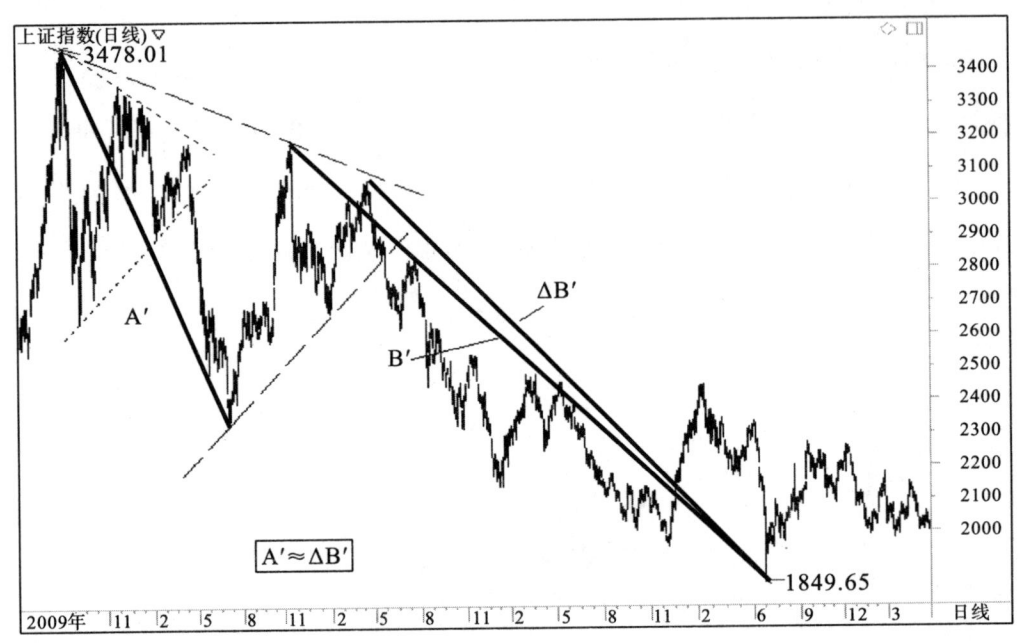

图 3-3-2

图 3-3-2 中的 B′ 段是首段长、后两段短的泛五浪模式，B′ 段的中间段是中间短、两端长的泛五浪模式（见图 3-3-3）。这些结构使价格表象显得非常复杂，但是，如果能辨识出它是依托三角形的牛角模型，那么，对这些走势的把握就多了许多确定性。

小简：是啊！牛角模型大处着眼，泛五浪模式小处着手，两者配合，基本消解了局部三进制的复杂性！

大明：实际操作中，应用牛角模型最重要的任务还是抓取盘局突破爆发阶段的利润。中昌数据（600242）2017 年 3 月份的表现就是一个非常好的案例（见图 3-3-4）。

第三章 股价波动的外在模式（二）——牛角模型

图 3-3-3

图 3-3-4

小简：该股在2017年3月13日复牌之前停牌了五个月，复牌后调整了两天，然后开始了大涨之旅。

大明：它大涨之前股价基本上在一个上升三角形里边震荡上升，但这个三角形已经运行到该突破的位置了。

小简：万事俱备，只欠东风了！

大明：消息面上的积极因素可谓送来了"东风"，这样，大涨之火也就点燃了。一段连续上涨且上涨值与前面 A′ 段相当的波段行情就展开了（见图3-3-5），实战中，识别行情性质，就可以从中赚取到不菲的利润。

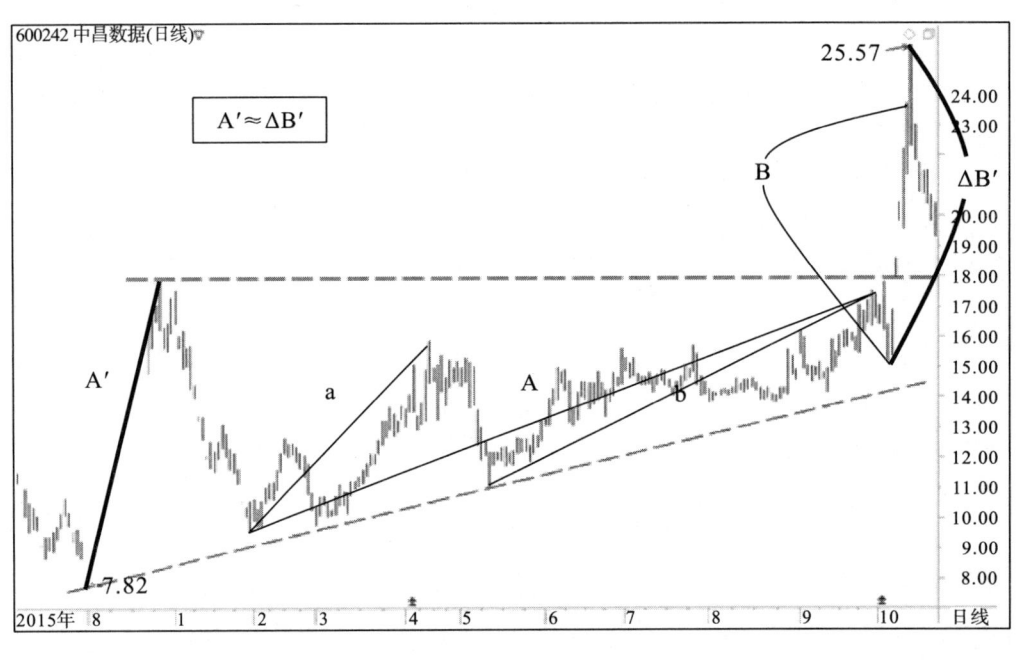

图 3-3-5

小简：运用牛角模型，最重要的赢利模式就是把握均衡状态向失衡状态转变时的重要机会。

大明：没错！这是比较肥美的"肉"。当然把握内部结构波动，也可以在日常操作中获得赢利机会。

小简：有些均衡状态突破失败是操作的一大陷阱。

大明：判断均衡状态向什么方向突破、把握均衡状态的内部结构带来的赢利机会、规避均衡状态的假突破等问题，我们在下一节将以箱体为例进行集中探讨。

第四节　解码均衡态势

大明：在牛角模型的均衡状态里边，我们可以运用二进制波动原理，对它们进行"庖丁解牛"般的解读，这种解读，有助于我们在一些关键的节点做出适当的因应，比如箱体内的高抛低吸。

小简：也就是在低风险的位置买入、在高风险的位置卖出。

大明：更重要的是有助于我们识别箱体最终将向上突破还是向下突破，以便及时做出应对。接下来，我们来看一些例子，第一个例子是中成股份（000151）。

中成股份2002年下半年运行了一个较大规模的箱体波动（见图3-4-1），根据该箱体所处的位置和状态初步判断，箱体最终将极可能向下突破。

小简：如何根据它的位置和状态判断它要向下突破？

大明：以这只股票为例，横盘所处的位置是大N字形的顶部位置，位置不好。从更大的视野上看，这个N字形还是大级别下跌的反弹阶段（见图3-4-2）。

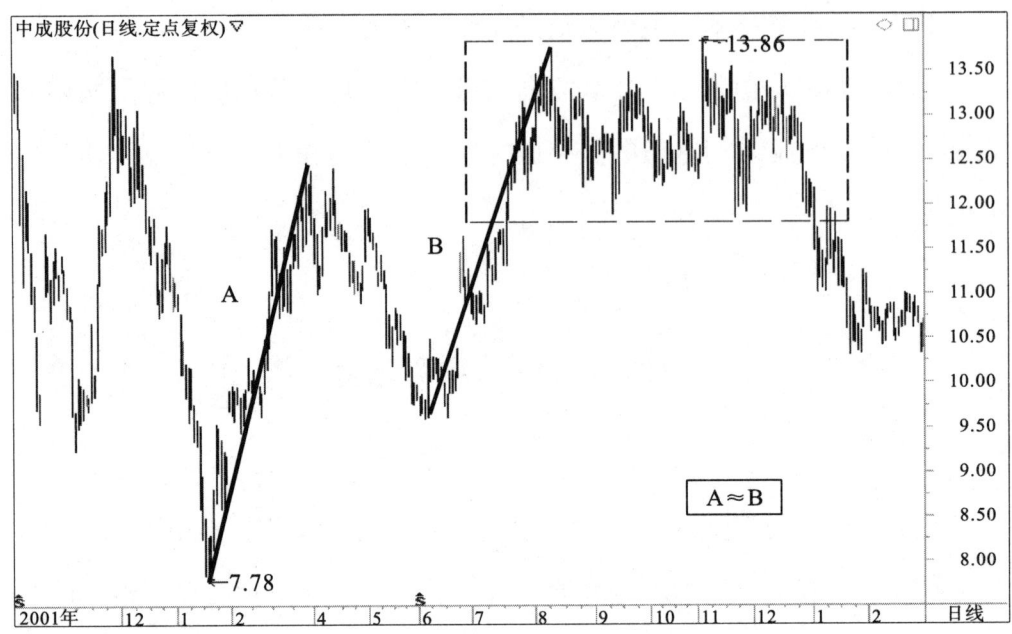

图 3-4-1

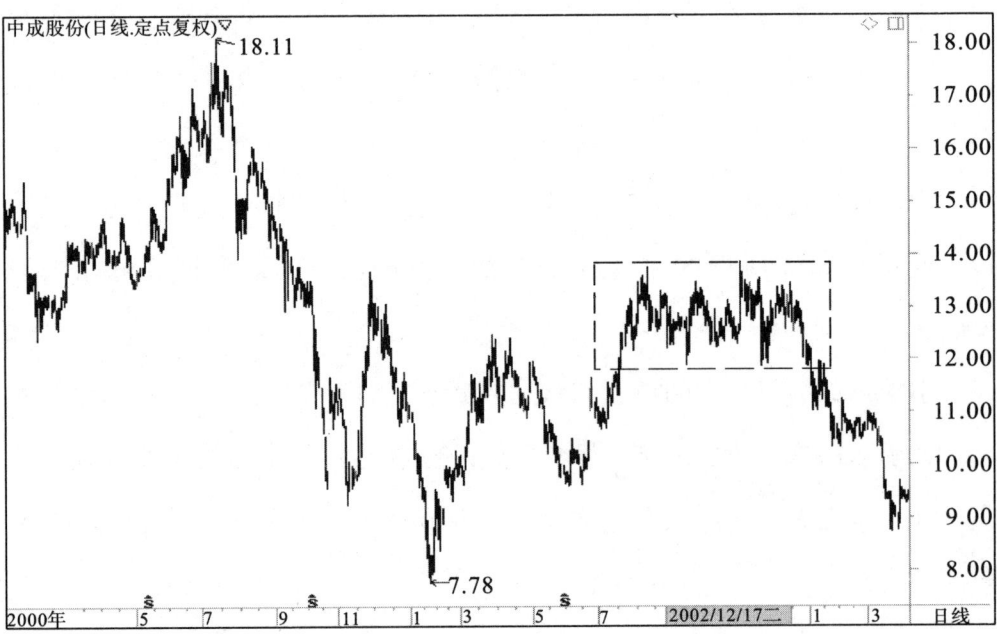

图 3-4-2

小简：反弹高点的横盘！

大明：如果对这个图没法判断会跌，不妨把图形倒过来，看看是不是要上升了。这个通过"翻转坐标"功能就可以实现（见图3-4-3）。

图 3-4-3

小简：呵呵！这个方法很不错！

大明：很多箱体最终向上还是向下是可以通过看图初步判定的，当然这需要较长时间的看盘训练才能获得这项技能。另外，通过对箱体内部结构的解读也可以更切实地感受到其最终走向。

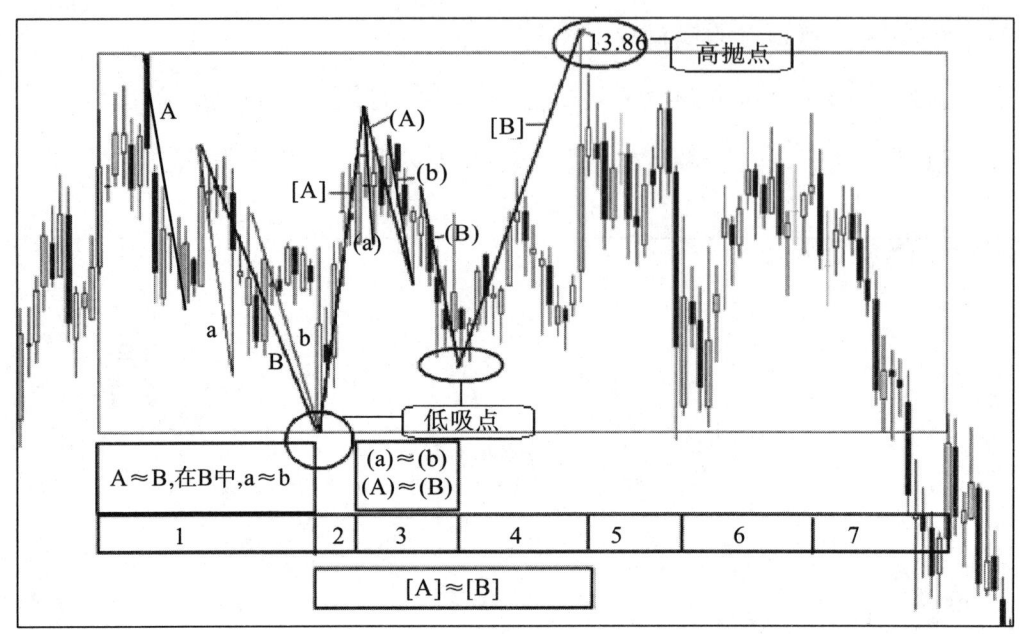

图 3-4-4

图 3-4-4 展示的是中成股份箱体波动，该箱体根据结构特点可以分成 7 段，其中第 1 段向下波动是之前上升趋势的调整波，其结构特征体现为完美的"一分为二"模式，其波动低点是合理的买入机会；第 2 段日线级别无法辨识其波动结构，有心的读者可以在更小周期上予以解读；第 3 段是针对第 2 段的调整，其结构特征为完美的"合二而一"模式；第 2、3、4 段是之前上升趋势的延续，第 4 段的高点满足了 [B]≈[A] 的结构特征，故第 4 段的高点是高抛的合理位置；第 5 段也符合"合二而一"模式，但其最后一段下跌为局部三进制，跌势猛烈，可能为之前上升趋势的正式结束后的第一波下跌；第 6 段上升日线级别无法解读其结构，但是其无法过高点表明其可能成为下跌第一波的反弹，该段高点无法过前期高点性质更加明确；第 7 段下跌破第 5 段的低点，可以预期箱体波动已告结束，接下来将是简单结构的趋势波动。

我们再举一个例子——大众公用（600635）。

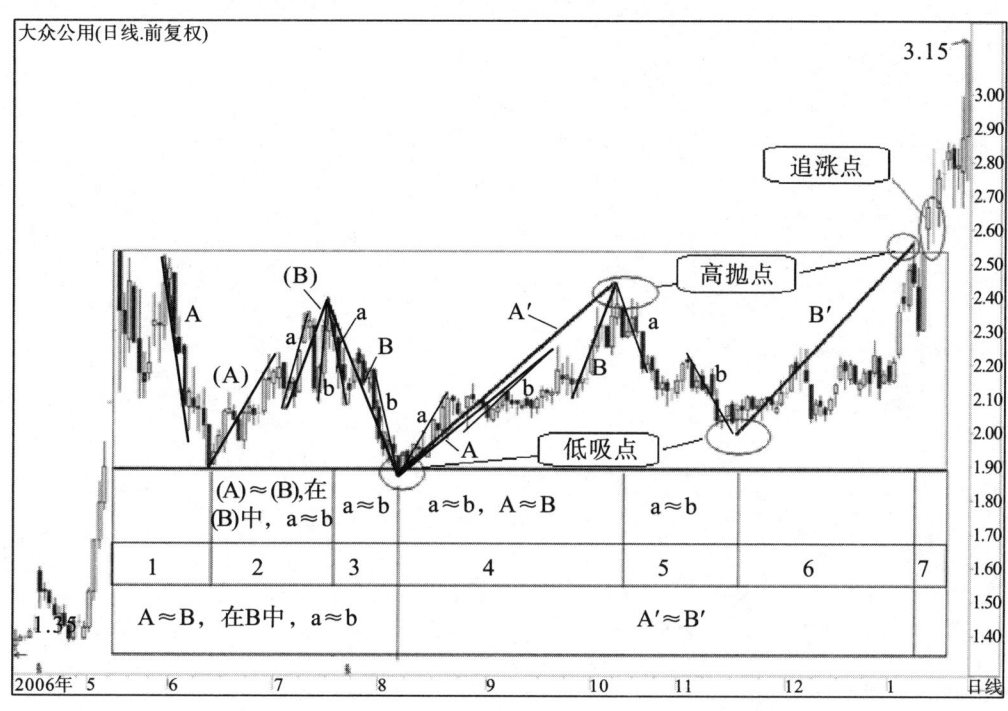

图 3-4-5

图 3-4-5 展示的是大众公用 2006 年 5 月至 2007 年 1 月的箱体震荡图，该箱体波动的内在结构合乎二进制波动原理，熟练掌握二进制波动原理的投资人可以在第 3 段及第 5 段的低点附近买入，在第 4 段或第 6 段的高点高抛。同时也能把握到第 7 段真正向上突破箱体的追涨点。

小简：为什么第 7 段能确定是真突破？

大明：首先，是对这个局部图形的直觉。另外，有两个重要的支持理由：一是该股自 2006 年 5 月 18 日进入盘局以来，上证指数上涨了 70％多，指数涨了这么多，该股横向震荡长达八个月，后续是肯定要补涨的，这个一点都不用怀疑。所以这个盘局只要突破，就一定是真突破！二是该股长期的下降结构已经完成，当前行情是对之前长期下跌周期的反转，不可能仅仅上升这么小的幅度就结束了，即使只是一个反弹，也绝不会到此为止！（见图 3-4-6）

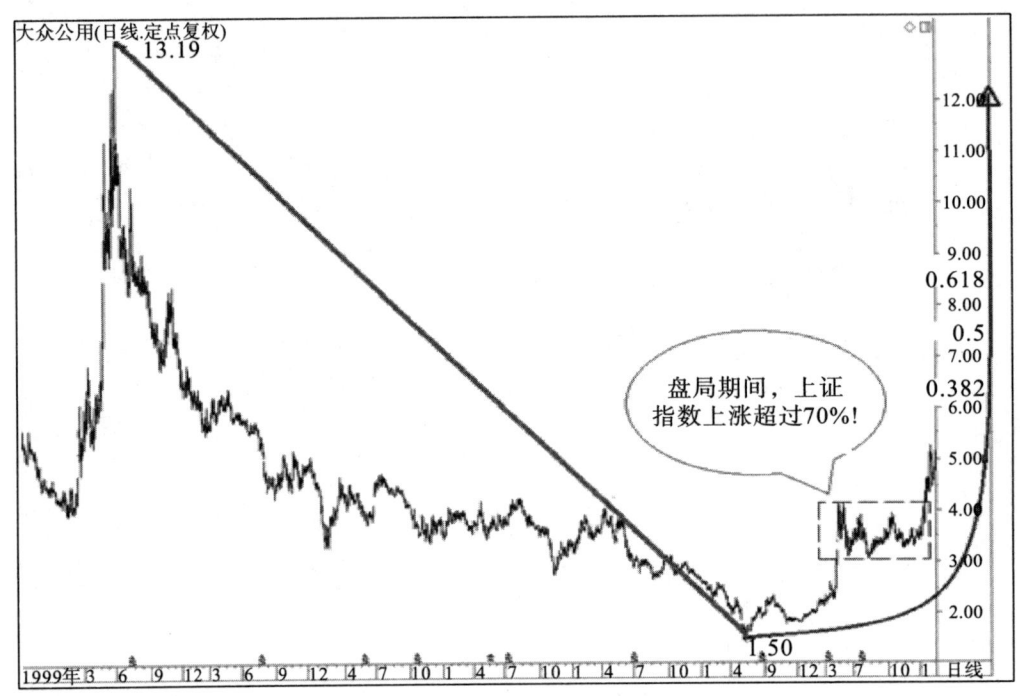

图 3-4-6

小简：看来，对均衡状态的分析是大有学问的！

大明：研究深了，一切也就不复杂了。就如下面这个例子，日线图反复震荡，其实内在结构也是合乎二进制波动原理的（图 3-4-7）。

图 3-4-7 方框圈定的区域是英镑/美元 2007 年 10 月日线图的箱体波动，我们来看看其中一小段的内部小周期结构解析图（见图 3-4-8）。

第三章 股价波动的外在模式（二）——牛角模型

图 3-4-7

图 3-4-8

小简：市场处于均衡状态时，最好的操作就是高抛低吸吧？

大明：是的！每一个结构满足点与回撤的关键位 0.618、0.75 等契合时，都是极重要的低风险低吸位置。

小简：是的！均衡状态突破之后应该及时追进，不过这个最麻烦的就是遭遇假突破。

大明：许多假突破是可以识别并予以避免的。我们来看看下面的例子！

图 3-4-9 是英镑/美元在 2007 年 4 月 26 日到 27 日的一段 15 分钟走势图，该图显示，价格向下突破下降趋势的平台盘整。按照传统技术方法，空头可以在跌破平台的时候进场，多头应在跌破平台之时止损。然而平台破位之后，价格旋即反转向上，刚刚出局的多头熬不过最后的黑暗，而刚刚进场的空头也很难免受伤害。

图 3-4-9

小简：破位下跌后很快就涨回来，这种情况，投资者最容易受伤了！

大明：是的！这种情况要综合分析！首先，要看这段走势在更大周期的位置。图 3-4-9 这段 15 分钟图在日线图上，处于上升趋势的首次回撤至 0.5 位置之时，且低点刚好达到 20 日均线，从大周期上看，这里有止跌反弹的技术要求（见图 3-4-10）。

图 3-4-10

从 15 分钟内部结构看，价格在向下突破平台之时，正好满足了二进制波动原理之"一分为二"的结构满足点（见图 3-4-11）。

小简：看来，综合分析是避免受假突破伤害的重要方式，二进制波动原理更是给予我们实战确定性支持的重要工具。

大明：没错！我们再来看看另一个例子，绿景地产（000502，现名绿景控股）2009 年 2 月 13 日以涨停方式突破均衡态势，然而次日冲高之后便震荡回落，不久又跌回均衡态势之中（图 3-4-12）。

图 3-4-11

图 3-4-12

小简：绿景地产这个形态，好像也是三角形突破（见图 3-4-13），为什么走不出三角形的理论涨幅？

大明：因为它首先遭遇到二进制结构满足点，它在这个位置又无法迅速拉升，而是震荡走弱，那么实战中首先应该予以规避。这张图中，我们可以看到 b 小段的上涨绝对值接近于 a 小段的上涨绝对值，B 段的上涨绝对值接近于 A 段的上涨绝对值。高点 11.35 元附近正是二进制波动原理的结构满足点（见图 3-4-14）。

小简：可惜！

大明：其实这只股后续还是走完了三角形的理论涨幅的，只是它前期在均衡状态时的积蓄程度不够，不足以支持它突破后连续上涨而已。

图 3-4-13

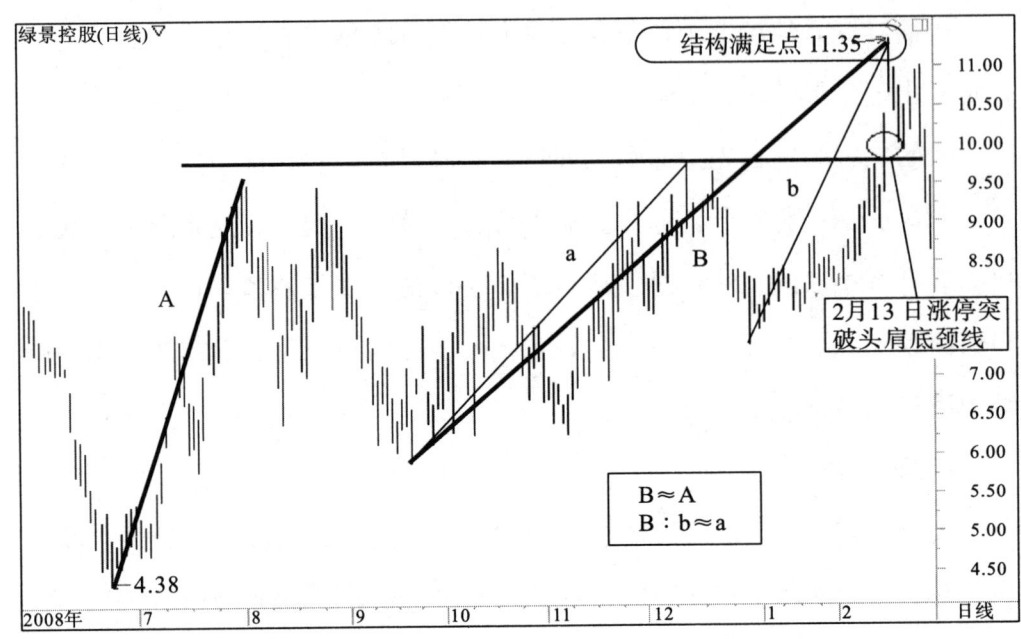

图 3-4-14

小简：均衡状态的积蓄程度？这个恐怕不太好把握吧！

大明：是的！这方面的判断需要较多的经验，主观程度比较大。客观上，我们只需做到一点就可以了，就是对重要的结构满足点进行提防，若不能迅速脱离，就要考虑出局规避风险。

小简：还是客观规则更好把握！

第四章

调整段理想模型及应用

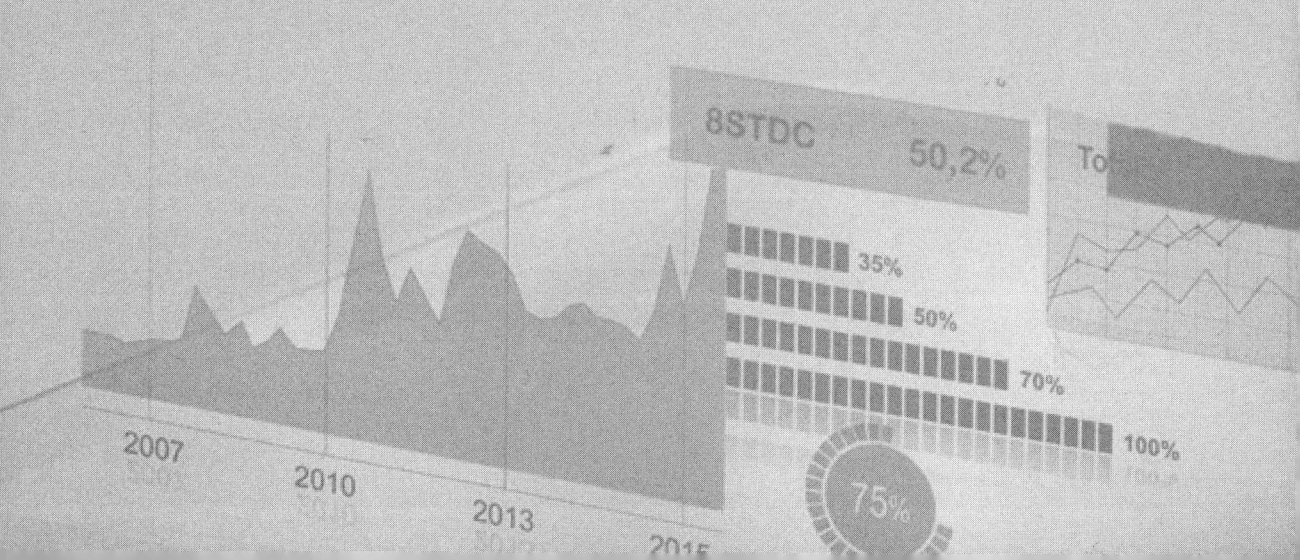

大明：我研究调整段，发现了很多规律性的东西，这对于二进制波动原理是一个非常重要的补充和支持。

小简：这个跟二进制波动原理也有关系？

大明：那当然，比如说，现在我们已经知道"合二而一"模式的第二小段 b，它的波动值与第一小段 a 是大致相当的，那么，第一小段 a 呢？它的波动值能不能在已经产生的走势中得到启示呢？

小简：看来又是一套理论？

大明：已经取得了一些成果，接下来就来讲讲调整段的部分研究成果吧。

第一节　调整段理想模型 A

大明：现在我们先来讲讲调整浪专题的第一部分，这部分的主要观点是，局部推动波的各级波动值均可参照前期逆向趋势中的同向波动。

小简：有点复杂！

大明：请看图 4-1-1，这个是理想模型。

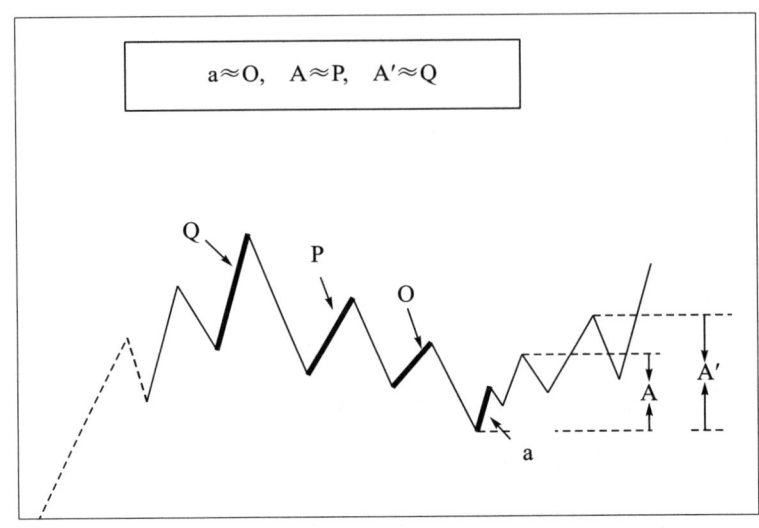

图 4-1-1

从这个模型中,我们可以看到股票价格以"合二而一"模式推升,它的每一级别的波动值与前期下降趋势的各个对应级别的反弹波的波动值相近。这种对应关系可以一直延伸到下降趋势之前的上升趋势。

小简:太美妙了!

大明:当然,现实中的走势肯定没有理想模型这么简单明了,但是我们在一些关键位置的分析,完全可以借助这个模型,得出更靠谱的结论。接下来,来看一看案例。下面这个例子是万科A(000002)2017年的一段走势(图4-1-2、图4-1-3,图形已经"前复权"处理),从图中,我们可以看到,以2017年5月9日的低点为起点的上升波,每一级别的上升段基本都与前期下降趋势的对应级别的反弹波,或下降趋势之前的上升趋势的对应级别的上升段波动值相近。

小简:这真是一个伟大的发现呀!我刚才看万科A(000002),发现并不是完全一一对应的,R与Q之间跨过了一个级别的走势。

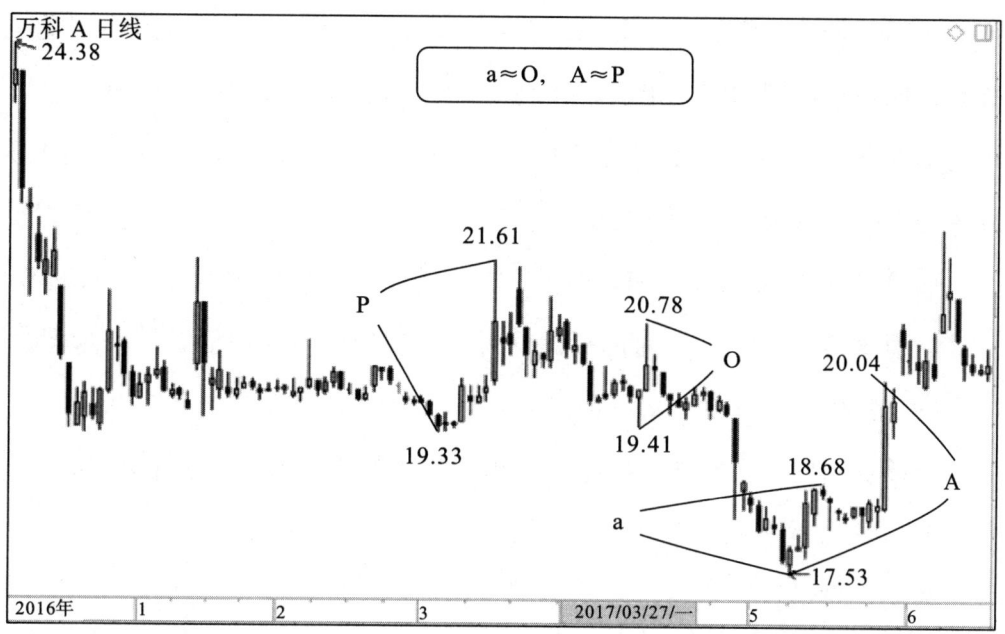

图 4-1-2

图 4-1-3

大明：是的，R 是"一分为二"模式，Q 是 R 的第二段的第二小段，如果按照理想模型的完美走法，A′与 A″之间应该还有一个中间级别的走势段与 R 的第二段对应，不过由于 R 的第二段的两个小段是以一段深度的回撤为连接的，这两个小段各自的波动值与第二段整体的波动值相差不是太大。而 A′与它的第二段之间是以一个较小的回撤为连接的，所以，A″的整体波动值直接与 R 对应。对图形的分析，以理想模型为参照，综合考虑其具体的走势构造及其他方面的因素，相信不难得出靠谱的结论。

小简：明白了，实战中要综合分析，实际的走势没有理想模型那样完美，但是理想模型是一个重要的参照工具！

大明：没错！

第二节　调整段理想模型 B

小简：我感觉，这些理想模型画出来之后看起来很简单，但是在它背后，肯定花费了您的很多心血吧！

大明：当然！本来复杂的东西，要把它抽象为简单的模型，这不是件轻松的事情。当然，有了模型之后，如何用它来指导对具体问题的分析乃至做出交易决策，还需要正确的理念予以指导！

小简：是的！那么理想模型 B 的具体内容是什么呢？

大明：由于现实中的例子已经无限接近于理想模型 B，所以也就不需要画出抽象图了。它的具体内容是这样的：一个调整段波动值的形成，会由近及远、由小而大地参照前期调整段的部分或整体的波动值。具体而言，包含以下几个方面。

1. 一个调整段的波动值形成，参照了前期的一个调整段中的一个构成单位的波动值。比如图 4-2-1 所显示的，调整段 I，是由 a、b、s 三个小段构成的两长一短的局部三进制结构。调整段 J 的波动值形成，参照了 I 段的一个构成单位 a 的波动值。调整段 K（a）的波动值形成，参照了 I 段中自 b 段起点至 s 段终点部分即 I（bs）的波动值。

2. 一个调整段的波动值形成，参照了前期的一个调整段的整体波动值。比如图 4-2-2 中，调整段 K（A）的波动值形成，参照了调整段 I 的整体波动值。

3. 一个调整段的波动值形成，其参照物由近及远。比如图 4-2-3 中，调整段 K 是"合二而一"结构，它的层次递增的波动值由近及远、由小而大地分别参照了 I（bs）、I、B 段的波动值。

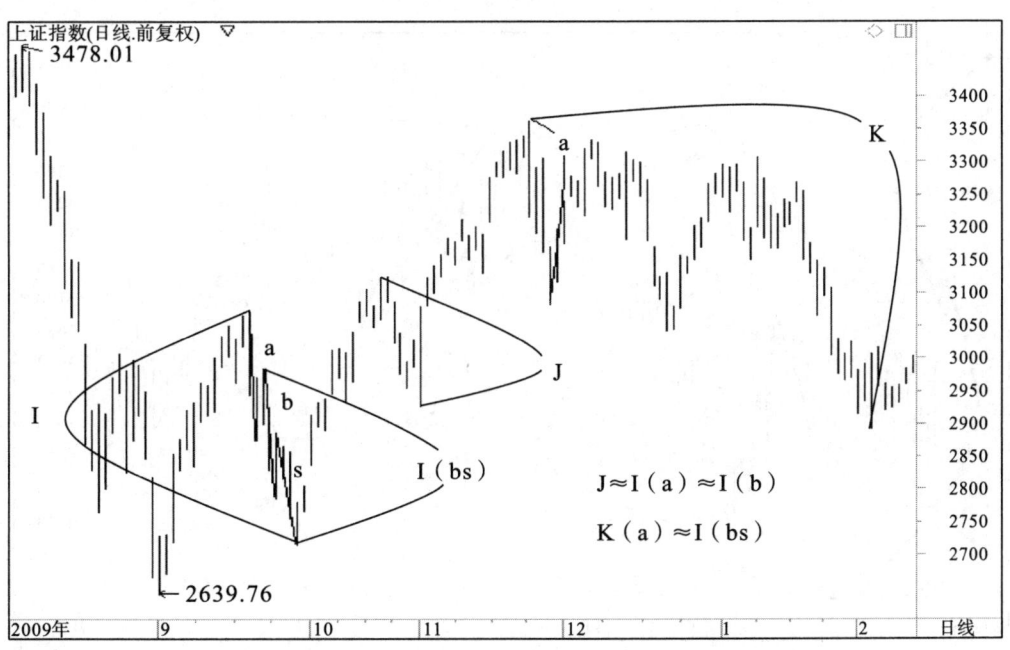

图 4-2-1

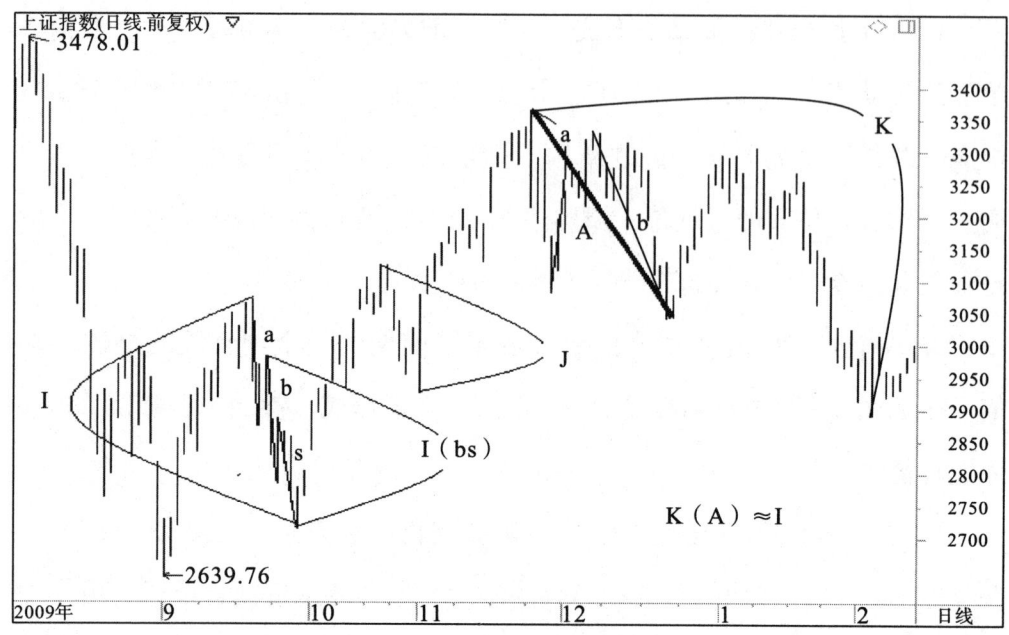

图 4-2-2

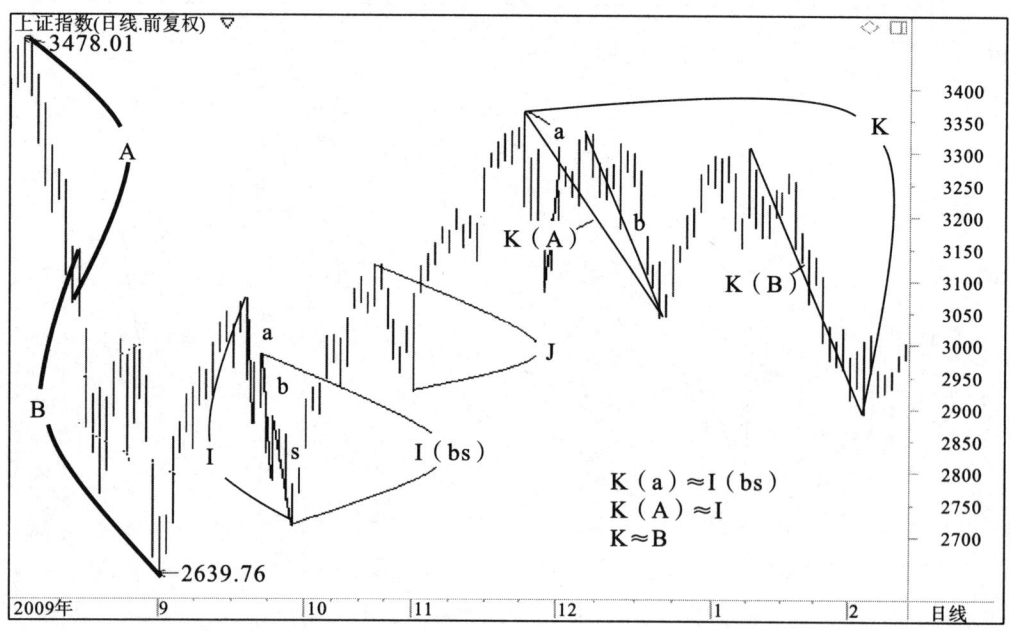

图 4-2-3

小简：呵呵！太妙了！看来这几张图得好好消化一下！

第三节　调整段理想模型 C

大明：在一个趋势的运行过程中，各级调整段的波动值有递增的趋向性特征，在少数情况下，某些局部也存在递减的趋向性特征。

小简：具体是怎么样的？

大明：先来看以下这个理想模型，图 4-3-1 及图 4-3-2 体现的是递增的趋向性特征，图 4-3-3 体现的是递减的趋向性特征，这里给出的图形是上升趋势的，下降趋势的反弹波也是同样的道理。

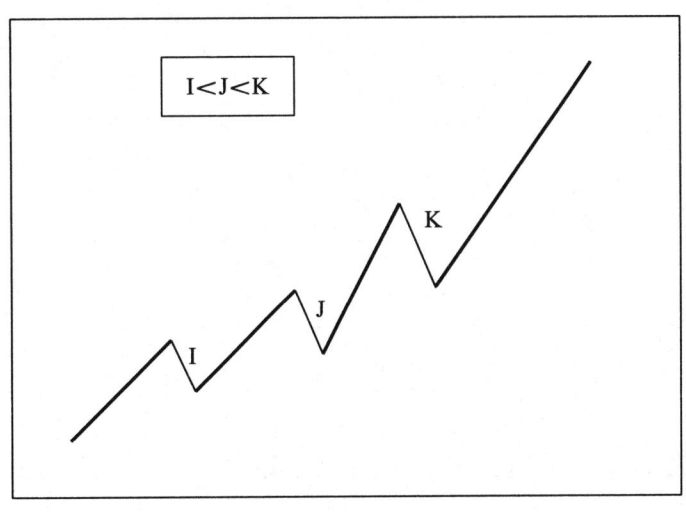

图 4-3-1

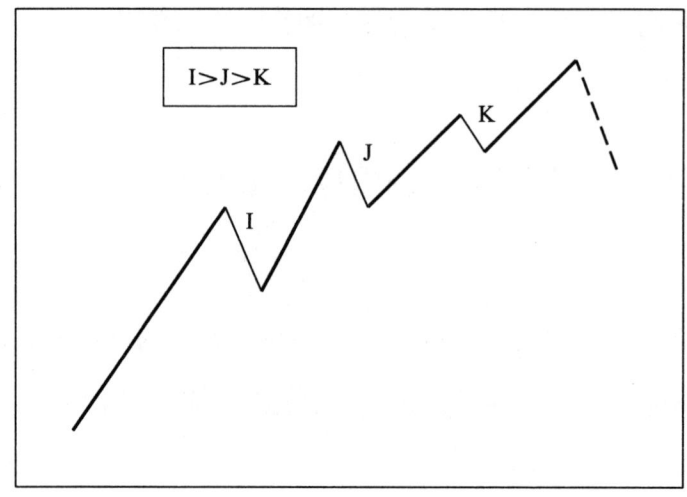

图 4-3-2

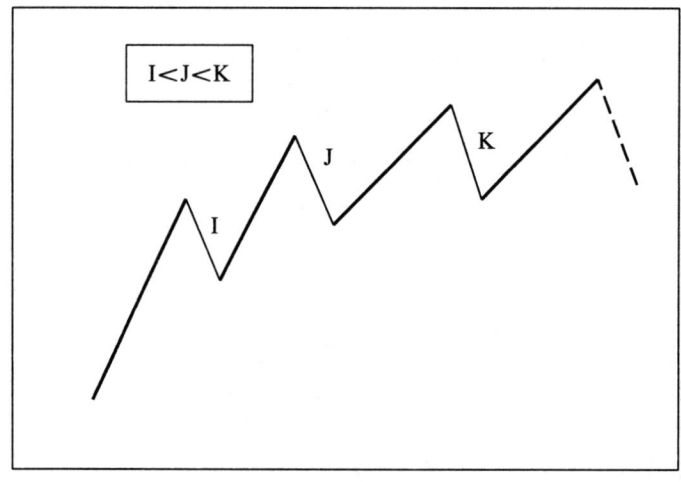

图 4-3-3

小简：我的理解是这样的，股价如果以"合二而一"模式推动的话，各级调整段的级别是递增的，那它们的波动值一般也是递增的。

大明：没错！以"一分为二"模式推动时，各级调整段的级别也是递减的，但是，根据我的观察，他们的波动值却经常也是递增的。只有在少数情况下，它们才出现递减的特征，并且这种特征一定会被改变。

小简：哦！

大明：另外，根据我的观察，首先，并不是所有的结构满足点都会出现应有的调整段，有时某一级别的趋势可能会未经过充分的调整直接延伸为局部三进制或连续走完下一级别的波动值。

小简：那就是说，理想模型中显示的调整波，有时会推迟出现？

大明：是的，实际走势不可能那么"理想"，肯定要比理想模型复杂。当然，这种推迟出现调整段的情况，也不是完全无章可循的，根据我的观察，这种情况一般出现在箱体突破或通道突破的情况下。在后面我们举的例子中，将会出现这些情况，到时候再详细讲解一下。

小简：好的。

大明：现在我们先来看实例。下面这个例子是我 2010 年录制的一个内部视频中采用的案例，这个股票是渝开发（000514），从图 4-3-4 我们可以看到，它从 2007 年 7 月底的第二高点 12.25 元起，一路下跌，运行的是"合二而一"模式，它的各级反弹（见图 4-3-5），a 段与 b 段之间的反弹段 I、A 段与 B 段之间的反弹段 J、A′段与 B′段之间的反弹段 K、B′结束之后的反弹段 L，它们的波动值是依次递增的。

小简：这是普遍规律吗？

大明：根据我对很多历史图表的研究，我觉得这个"规律"的可靠性是很强的。实战中是一种强有力的辅助研判工具。

小简：看得我热血偾张，仿佛好多钱一下子赚到手了！

大明：哈哈！我刚开始发现这些的时候，也是你现在这个样子，不过后来我明白了，适当的时候用它就够了，过度使用容易产生不必要的烦恼。

小简：哦！那什么时候才是"适当的时候"呢？

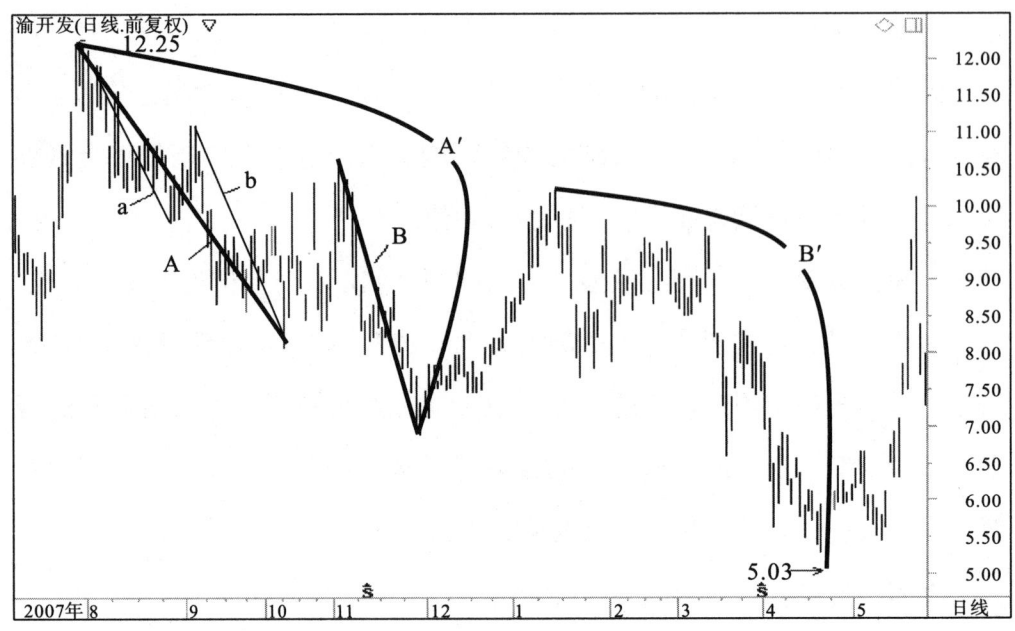

图 4-3-4

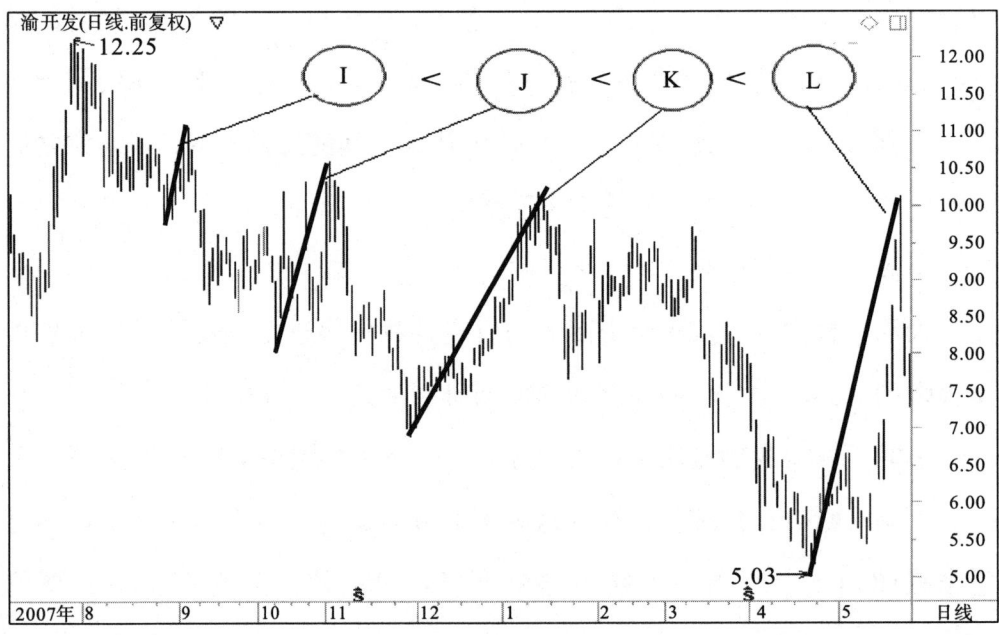

图 4-3-5

大明：比如渝开发这个例子，图中反弹段 L 可谓产生在非常适当的时候了。从月线图上（见图 4-3-6）看，它当时经过几波的下跌之后，B′段的末端已经处于月线图大级别上涨段回撤 61.8% 的位置，这是一个极为重要的支撑位，同时，内部结构基本完整，各方面技术条件支持一波较大的反弹，具备这些条件，我们就可以根据本节描述的理想模型判断其反弹的波动值至少要略大于反弹段 K 的波动值。

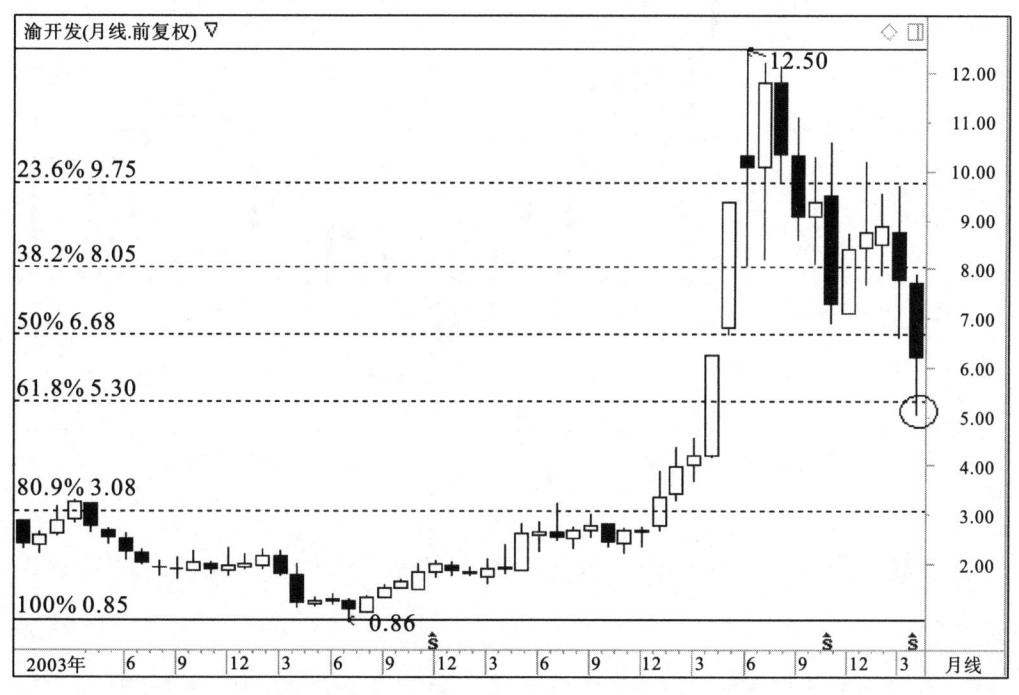

图 4-3-6

小简：我觉得，这里的"至少"二字非常重要，其他分析工具能判断反弹可能到达哪里，用这个模型却能判断至少能到达哪里，这就提供了确定性了！

大明：说得太对了！事后解释，可能很多种说法都能说得过去，但是事前判断却不然，可能就只有一种方法事前判断准确。

这个反弹段L从短线的角度看，提供了几次高效率的买点（图4-3-7），综合以上各方面要素，我们就可以在操作中，既把握到高效率的买点，又有明确的至少涨幅预期，这样，持仓的信心就很充足。

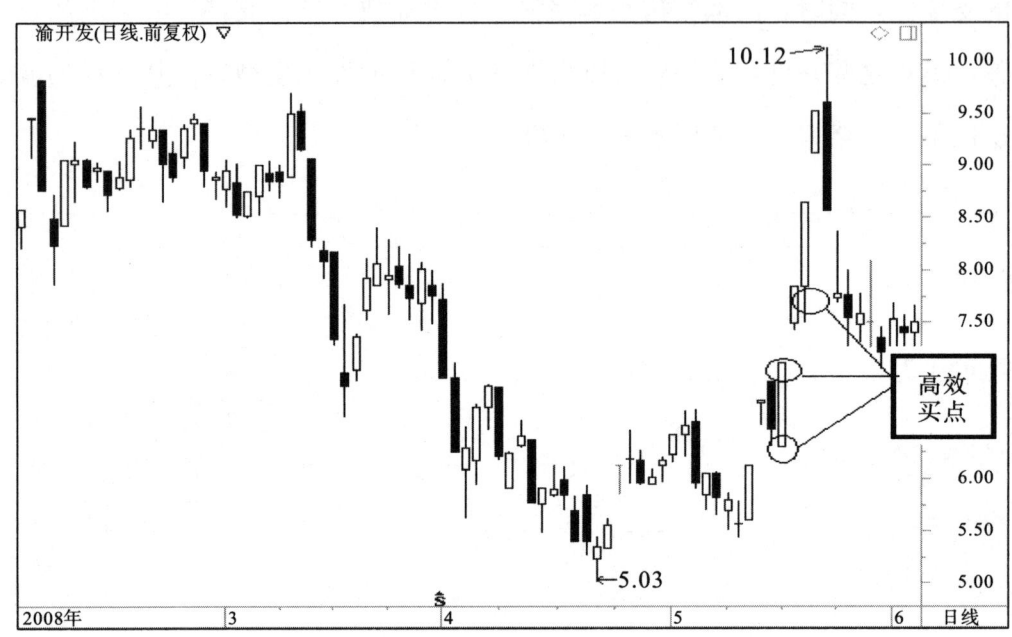

图 4-3-7

小简：我看到图中标注了几个"高效买点"，为什么说它们是高效买点呢？

大明：这个问题，我们找机会再聊。关于反弹段的问题还没聊完呢！

小简：呵呵！是啊！刚才说的是股价以简单的二进制模式推动的情况，如果股价波动出现复杂的情况，该怎么把握呢？

大明：我觉得，应该把握两个重点，就不会迷惘了！第一，着眼于整体；第二，在局部上以"简单"结构的视角分析。我们先来看模型。下面两个模型图（图4-3-8、图4-3-9），显示的是箱体突破后，逐级递增的调整段可能产生的位置，一般而言，股价长期在箱体内震荡，积累了较大的能量，一旦向上突破的话，容易出现比较强势的连续性行情，也就容易使理论上应该出现的调整段推迟出现。

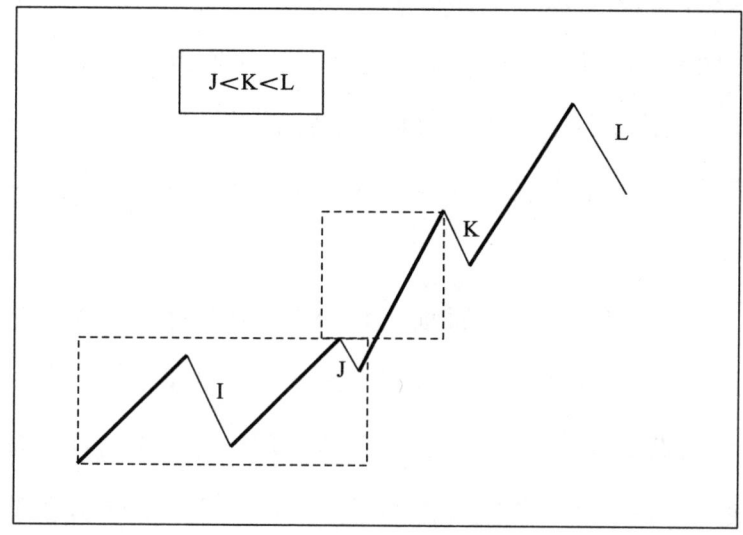

图 4-3-8

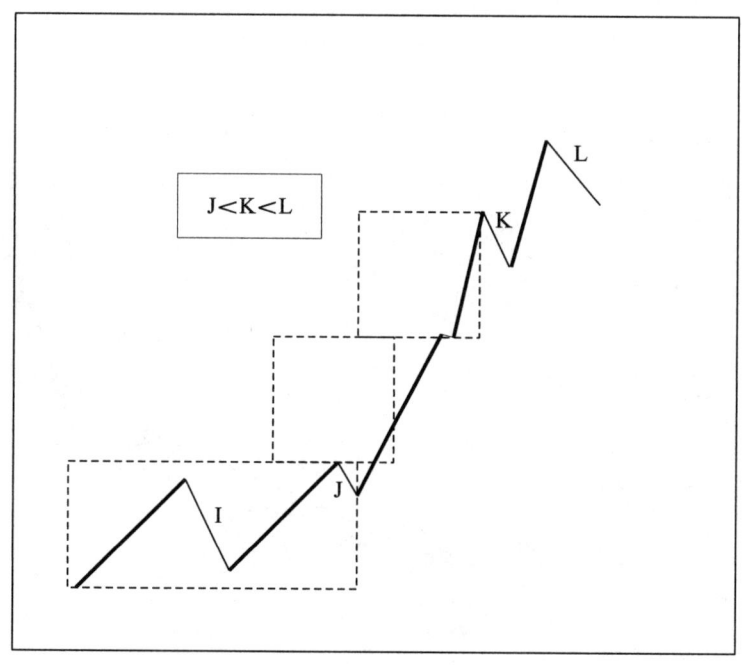

图 4-3-9

小简：我注意到，这两个模型图中，第一次调整 I 是被排除在递增趋向性特征之外的。

大明：这是因为，股价呈现箱体运动时，第一个调整段回撤都是比较大的，经常回撤 3/4 左右，所以，在它之后，如果出现幅度超过它的调整段，应该是在股价运行了比较长的时间之后了。

小简：哦！那我们就先放下它，考察在它后面的上升趋势的各级调整段。

大明：是的，接下来，我们通过实际的例子来看看这些调整段如何出现？下面这些图（图 4-3-10 至 4-3-14）是上证指数从 2013 年的低点 1849 点到 2015 年高点 5178 点的全景图，从图 4-3-10 中，我们可以看出，b≈a 的结构满足点处，产生了调整段 I，s≈b_2≈b 的局部三进制完成点产生了调整段 J。

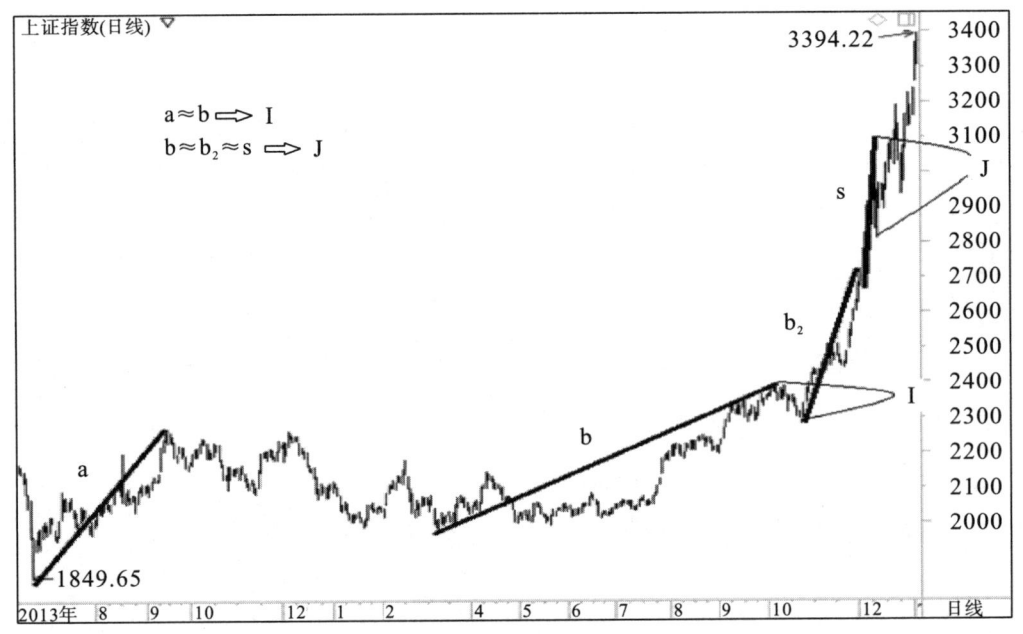

图 4-3-10

箱体 [S] ≈ [B] ≈ [A] 的局部三进制完成点产生了调整段 K（图 4-3-11）。

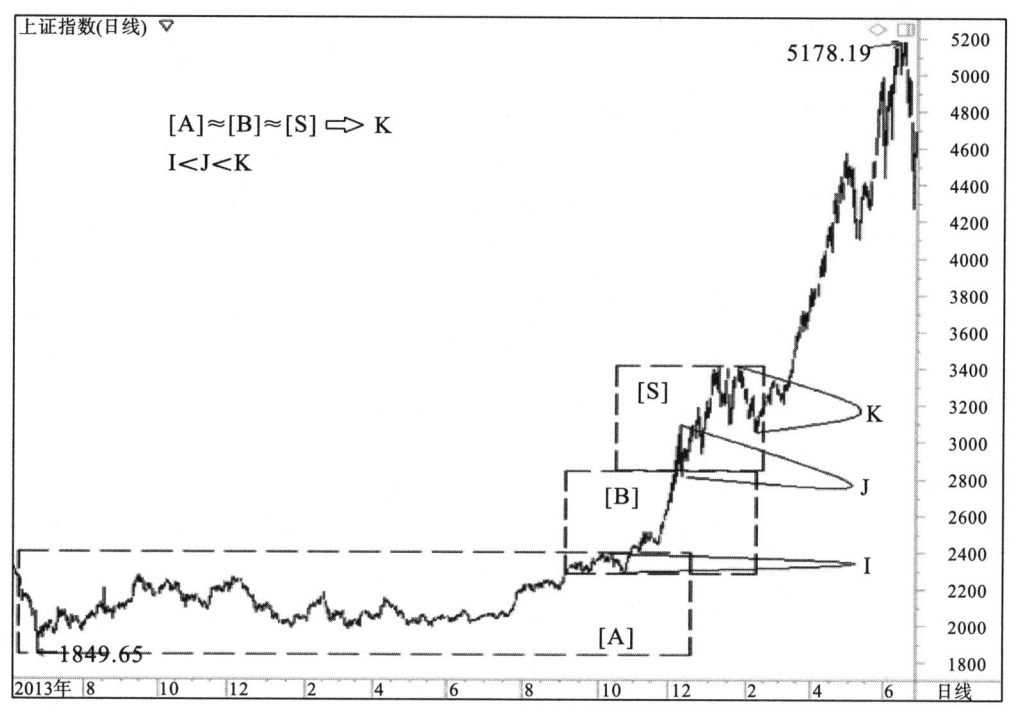

图 4-3-11

在 B′≈A′ 的结构满足点产生了调整段 L（见图 4-3-12）。

在箱体 [B′] ≈ [A′] 的结构满足点产生了调整段 M（见图 4-3-13）。

小简：看出来了，I、J、K、L、M 这几个调整段中，调整幅度是依次增大的。

大明：没错！这些调整段主要产生在二进制的结构满足点及局部三进制的完成点。

后续，上证指数在完成特大箱体的理论涨幅，即实现了 [B″] ≈ [A″] 之后，出现了大级别下跌，跌幅超越了 [A″] 箱体内部的调整段（见图 4-3-14）。

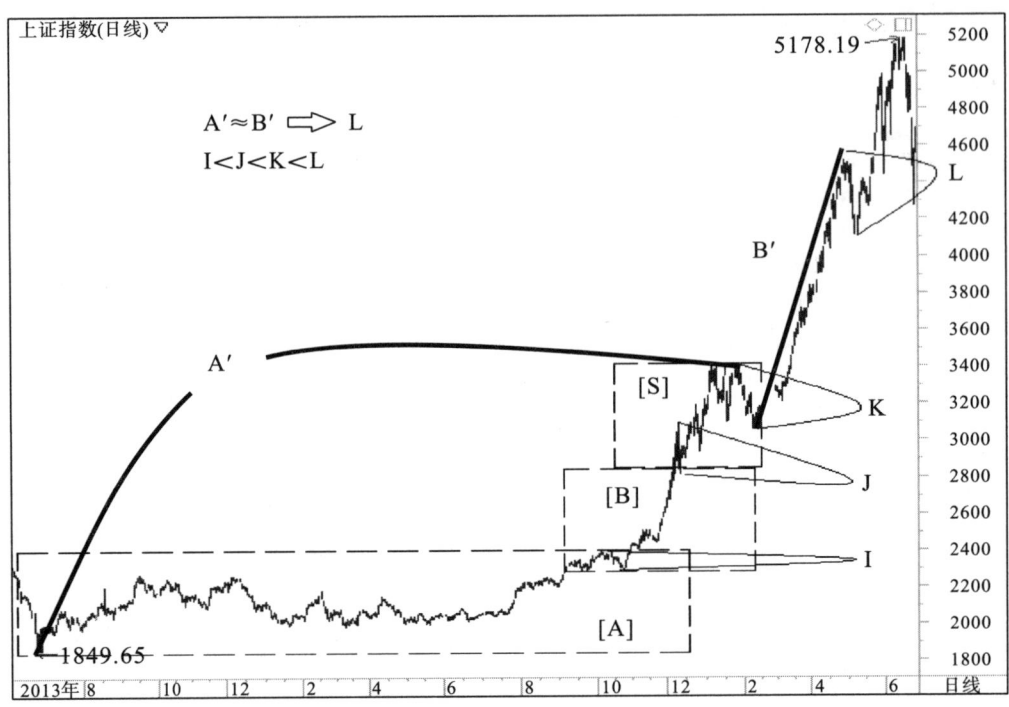

图 4-3-12

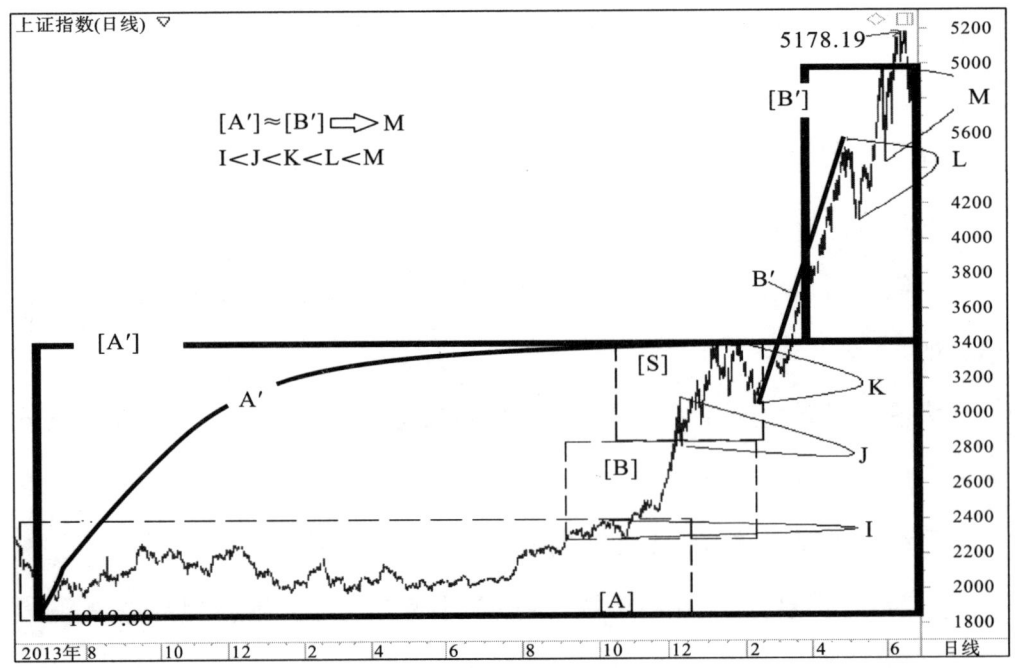

图 4-3-13

第四章 调整段理想模型及应用

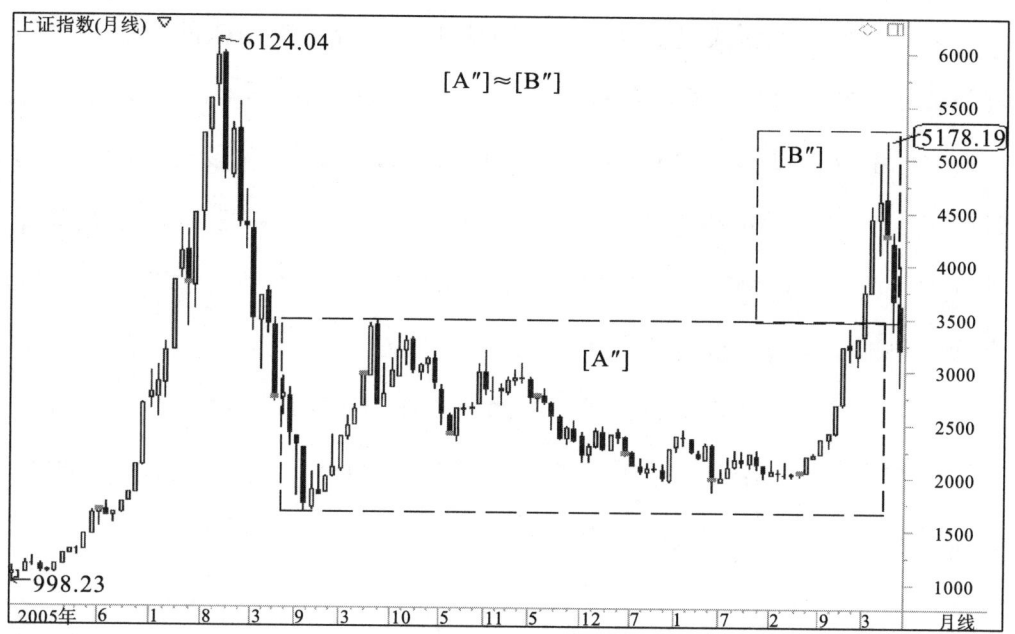

图 4-3-14

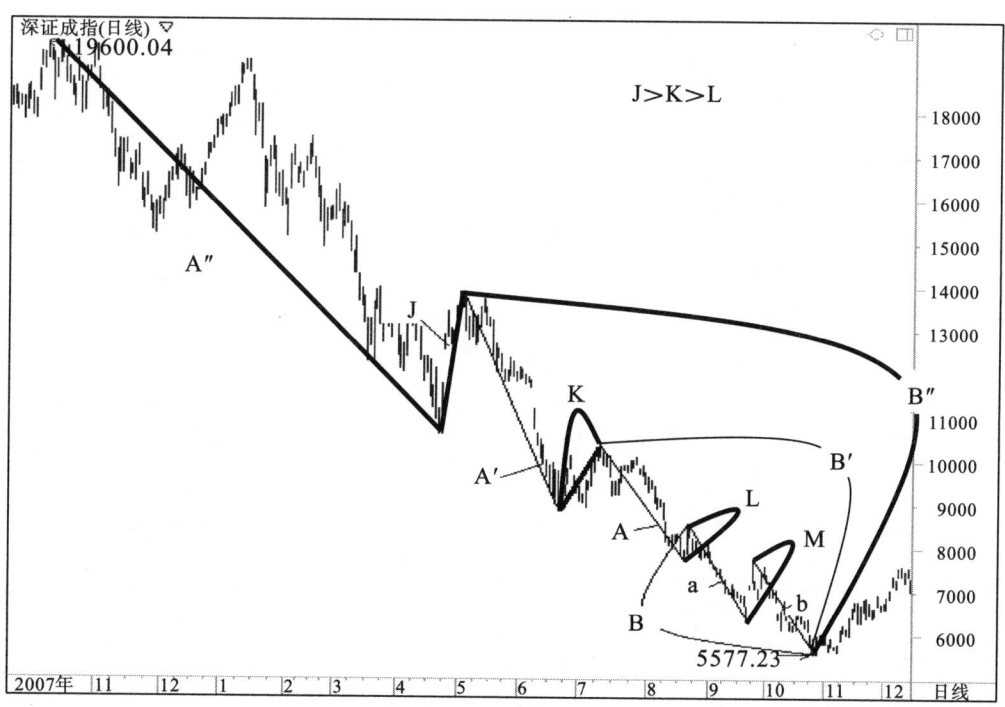

图 4-3-15

大明：调整段渐次递增是常态，但偶尔也出现一些递减的情况。比如深证成指2007年底到2008年底的大级别下跌态势（见图4-3-15），A″段与B″段之间的反弹段J、A′段与B′段之间的反弹段K以及A段与B段之间的反弹段L三者呈递减态势。后来，a段与b段之间的反弹段M波动幅度陡然变大，改变了这种递减的趋向，这种递减趋向被突然改变的情况，也是下降趋势即将逆转的重要信号。

小简：股价波动真是包含了太多的规律性的东西。

大明：是啊！用"把干毛巾拧出水来"的精神，一定可以从中挖掘出许多潜藏的东西，大家继续努力吧！

第五章

二进制波动原理的应用

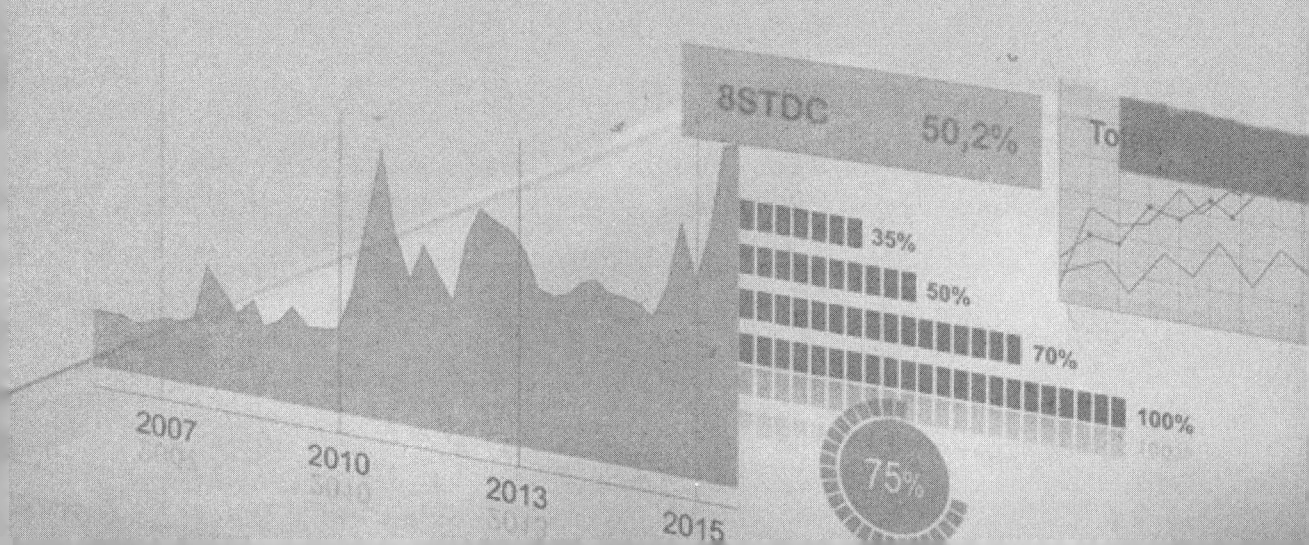

第一节　找准常规买卖点

大明：市场波动以总体上的二进制模式运行，当波动结构满足第二段的波动绝对值约等于第一段的波动绝对值时，第二段的端点便称为结构满足点，这个结构满足点是变盘的关键点。特别是这个满足点刚好处于趋势回撤的重要比例位置时，就更要对它加以重视了。

小简：回撤的重要比例位置主要是 0.382、0.5、0.618 这些吧？

大明：是的！实践表明，0.75 附近也是极强的支撑/阻力点。另外，完成了三段等值的波段端点，以及完成了其他二进制与三进制混合形成的特定模式结构的波动端点，也应高度重视，当它们与前面提到的这些重要支撑/阻力位交会时，往往是买入或卖出的重要时机。

小简：您前面关于调整段研究的内容是否对买点的确认有所帮助？

大明：是的！如果一个调整段的波动值与前期调整段的整体或局部波动值大致相当，那对判断这个调整段是否结束或即将迎来局部转势将起到重要的辅助确认的效果。

小简：辅助确认，也就是说，这个不是必要条件？

大明：我只能说，交易是零和博弈，因此，任何条件都不是绝对的，需要互相印证。

小简：那符合的条件越多，交易成功的概率就越大吧？

大明：是的。我们来看一个例子，卫信康（603676）2018年2月14日的低点V就是三角形向下突破结构完成点（图5-1-1中，ΔB的下跌绝对值与A的下跌绝对值相当）跟回撤80.9%的重要支撑位契合的位置。同时，如图5-1-2所示，下跌段I，可以分解为两部分，即I（A）和I（B），I（A）的下跌值与前期下跌趋势中的S段大致相当，I（B）的下跌值与前期下跌段的A′段大致相当，调整段模型支持V点成为重要拐点，因此V点是很好的低吸买入机会。

小简：嗯！它果然在这个位置开始反弹。

大明：该股2018年4月23日又出现了一次不错的机会，它的低点（u）是二进制结构满足点与回撤50%契合的位置，同时，K段的下跌值接近于前面下跌段的A段及ΔB段，三大条件都具备，该股在这个位置开始反弹（见图5-1-3）。

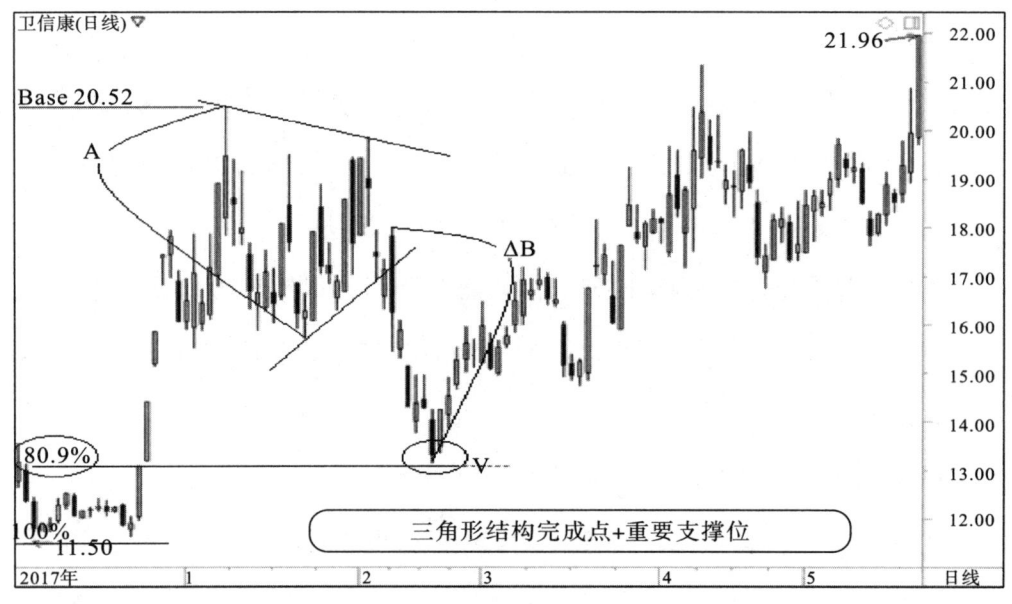

图 5-1-1

第五章　二进制波动原理的应用

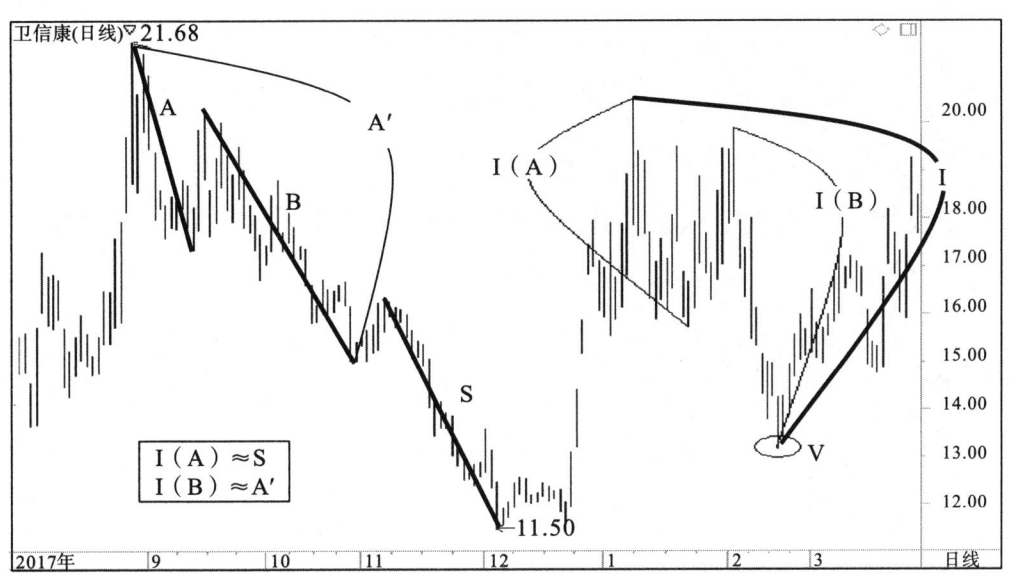

图 5-1-2

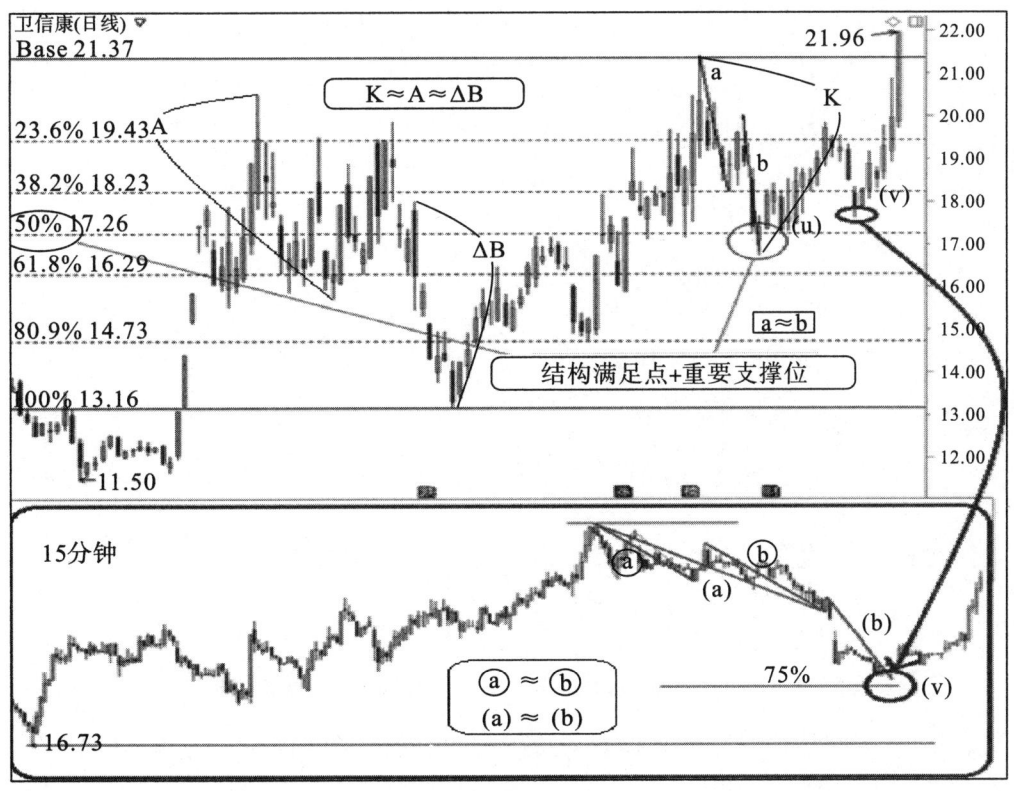

图 5-1-3

5月14日它完成了二次见底,从它内部15分钟图看,5月14日低点位置(v),是二进制之"合二而一"模式的结构满足点,且(v)点刚好处在4月23日低点至5月8日高点这波上涨回撤75%附近(图5-1-3),(i)段下跌值与前期下跌段的构成单位(a)及(b)的下跌值相当(见图5-1-4)。

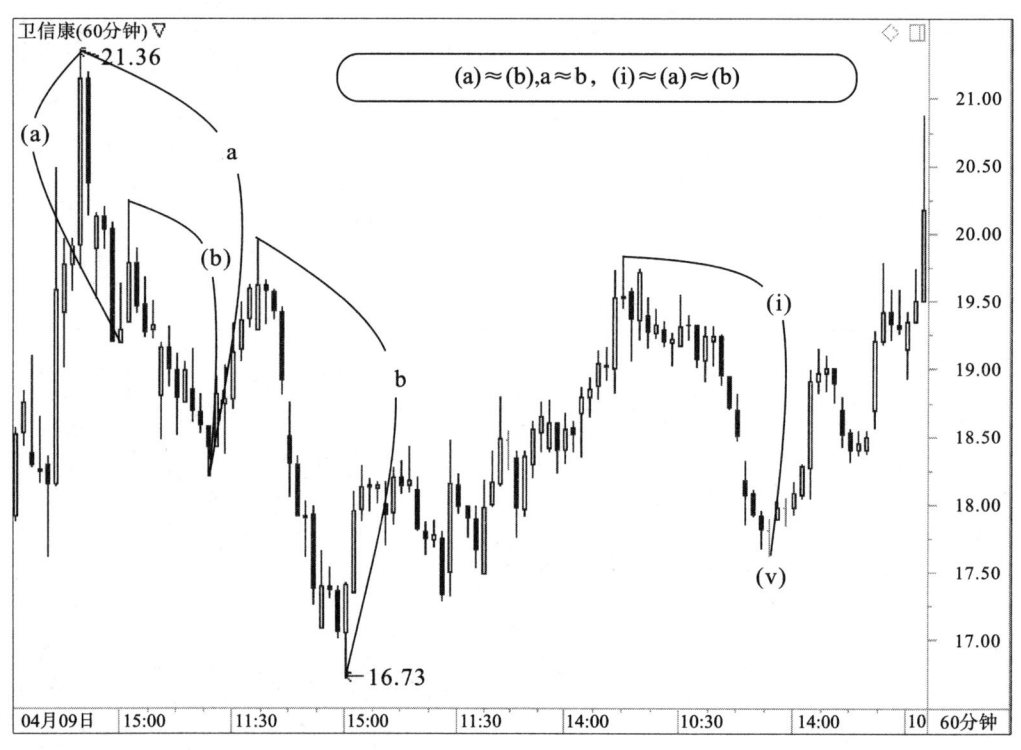

图 5-1-4

小简:三大条件满足,可见(v)点是一个理想的低吸买入位置,后续股价确实走出了波段行情。

大明:某一阶段的龙头股的第一次较大幅度回撤应该给予足够的关注。毕竟龙头股人气好,它回撤之后,如果有所动作的话,能够较快地重新聚集人气。

小简：也就是说，龙头股第一次大幅回撤之后，如果能满足上面提到的几个条件，操作起来成功率更高，赢利幅度也更可观？

大明：是的！比如四川双马（000935）2016年9月份在经历了大幅上涨之后第一次较大幅度回撤。10月17日，即该股停牌后复牌首日，创出了重要低点，完成了其内部结构。之后迅速上涨，走出第二波行情（见图5-1-5、图5-1-6）。

小简：内部结构确实完整了，但是回撤的幅度较难把握。

大明：操作不要追求买到最低点，这只股票10月17日低点是17.50元，它突破前期小平台位置19.00元之上，19.50元以内就是比较理想的买点了。

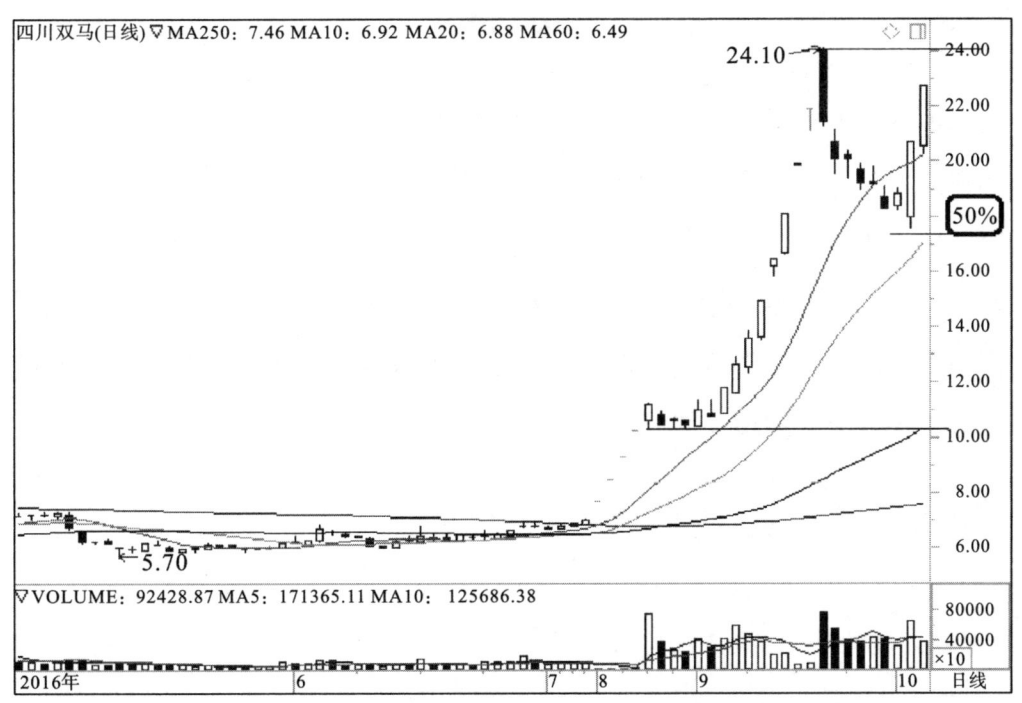

图 5-1-5

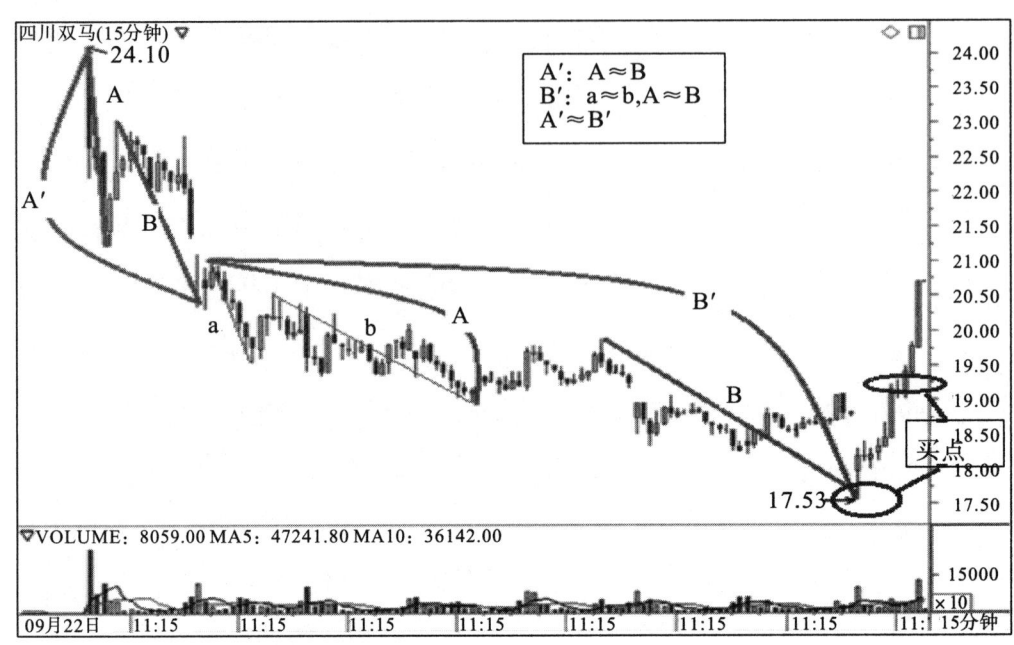

图 5-1-6

上面我们探讨了常规买点，主要是低吸点以及适度追涨的点位。常规卖点，包括高抛和杀跌。高抛的原理跟低吸一样，只不过是反过来而已。举一个例子，图 5-1-7 是东北电气（000585，现名*ST 东电）在 2007 年底至 2008 年初的两段反弹行情，都是二进制结构满足点，契合反弹的重要阻力位，这种情况就可以先走一步。如果大盘背景不太好，那么，高抛就应该更加及时、积极一些。

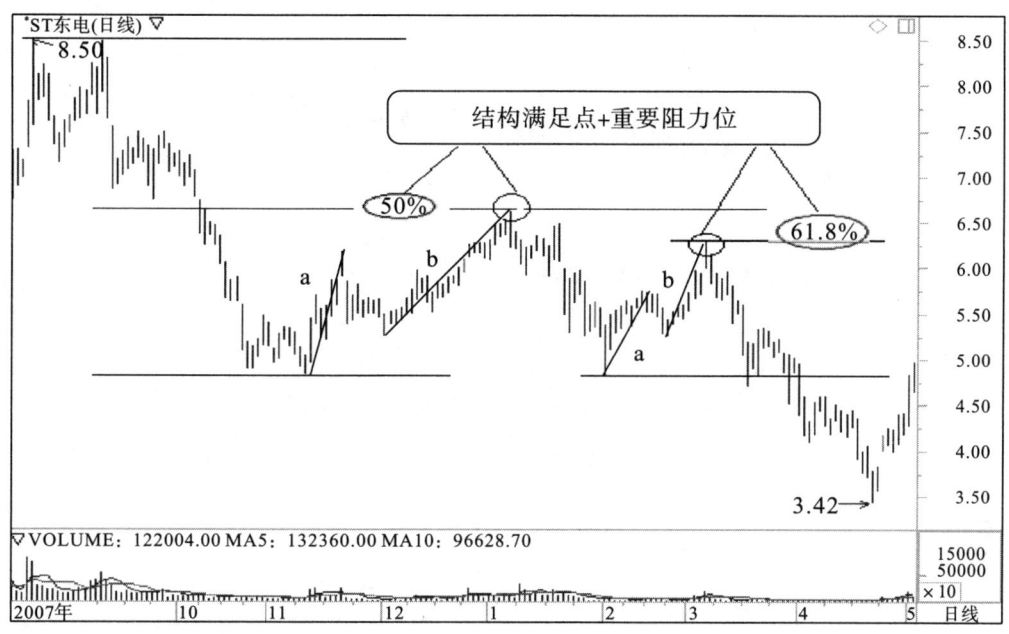

图 5-1-7

小简：这是高抛的情况，杀跌呢？

大明：杀跌主要应用于以下的情况：看错行情，按计划止损；交易赢利，当价格波动运行至结构满足点而未及时高抛时，价格向下破位；当价格尚未运行至结构满足点迅速掉头向下破位；在中国股市中，若价格以大阳线或涨停方式直接超越结构满足点（这时可以暂不高抛，继续持股待涨），持续上升之后，价格在短周期上出现向下破位。

杀跌用于止损或在价格未能到位时主动使用是一种保护措施，这项保护措施在变数很大的投资市场上是非常必要的。在价格大举超越结构满足点时代替高抛使用，是为了充分利用趋势行情，获取更大利润。

第二节　扼住主升浪的咽喉

大明：应用"牛角模型"，我们可以通过抓主升浪的第一个涨停板来把握一波主升浪！

小简：这就是您说的"扼住主升浪的咽喉"吧？

大明：是的！主升浪是行情最重要的一段走势，是实战中最有效率最有价值的标的。

小简：那么，怎样才能确定一个涨停板是主升浪的第一个涨停板呢？

大明：主升浪的第一个涨停板，最重要的特点就是突破！而且一般都是终结了较长时段的震荡态势。对应牛角模型，就是均衡状态向失衡状态转变的第一个涨停板。

小简：看来，这一课是牛角模型的应用！

大明：是呀！是在 A 股中最有效率的应用！下面我们来看一个实例，柳钢股份（601003），2016 年 11 月 21 日该股涨停（见图 5-2-1），从图中看出，这个涨停发生在大型收敛形态——三角形的末端，一举打破了长达几个月的平衡状态，量能也大幅放大，因此，它是一个突破性质的涨停板。

第五章　二进制波动原理的应用

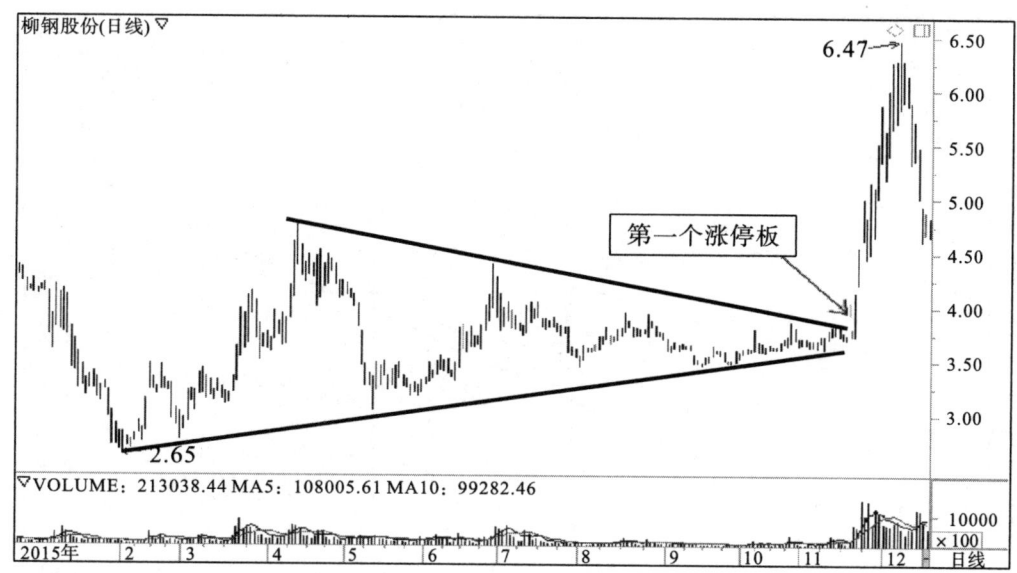

图 5-2-1

小简：像这种涨停板，实战中要怎样操作？

大明：第一时间打板介入！

小简：就是以涨停价买入？

大明：是的！这样才能掌握最大的主动权！这只股票后面开启了一波主升浪！

从 2016 年 5 月 12 日的低点算起，它的趋势发展是"合二而一"模式（图 5-2-2），从 2016 年 2 月 1 日的低点到 11 月 21 日之前，该股运行类似三角形的震荡态势（见图 5-2-3），同时，也可以看作是大型箱体，毕竟，三角形是箱体的变形形式，用箱体分析方法的取高叠低法，也可以辅助分析出这波主升浪的高点。

小简：两个分析出发点，最后都指向同一个价格区域。我觉得，用您提供的这些方法，分析目标位并不是很难的事，但实战操作，最重要的还是买在最佳买点上吧？

121

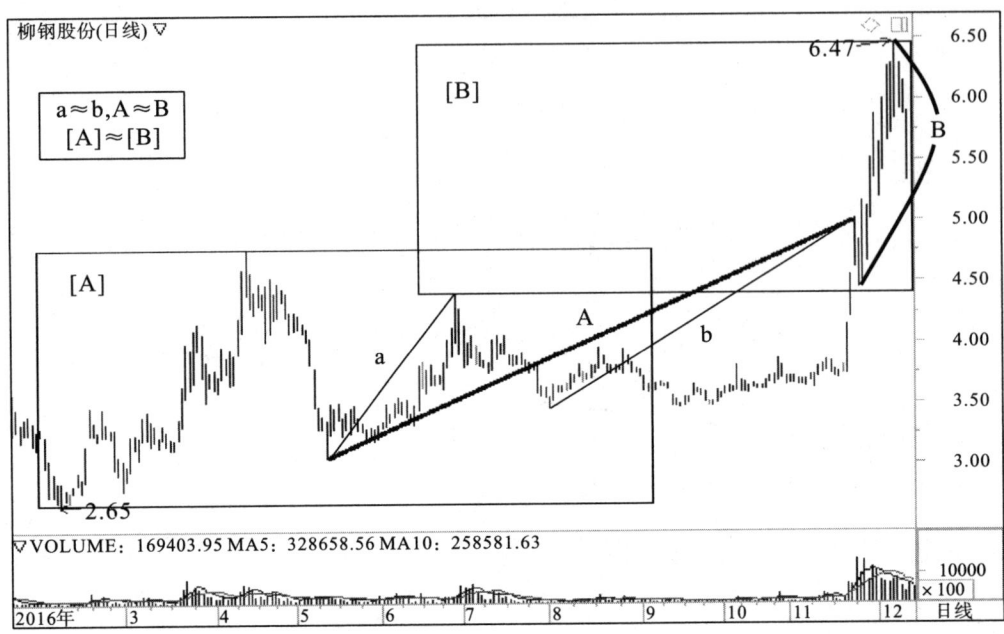

图 5-2-2

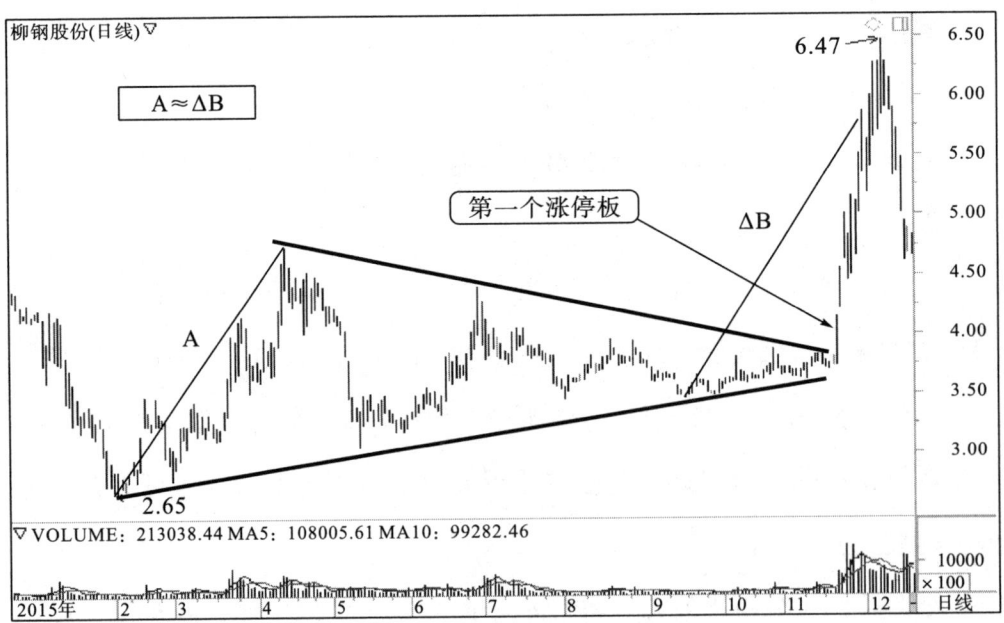

图 5-2-3

大明：牛角模型从均衡态向失衡态转变的第一个涨停板，一般也是向上突破的第一个涨停板，是效率最高的买点。这种买点，值得深入研究、重点掌握！

小简：好的！

大明：我们来看另一个例子，中电电机（603988）2016 年 8 月 26 日拉出涨停板，突破几个月来形成的大型收敛形态的上轨，从而引导股价走出了一波主升浪（图 5-2-4）。

后续它上涨的幅度超出了三角形的量度涨幅（见图 5-2-5），但在更长周期的图形看，这波上涨所到达的位置是一个结构满足点（见图 5-2-6）。

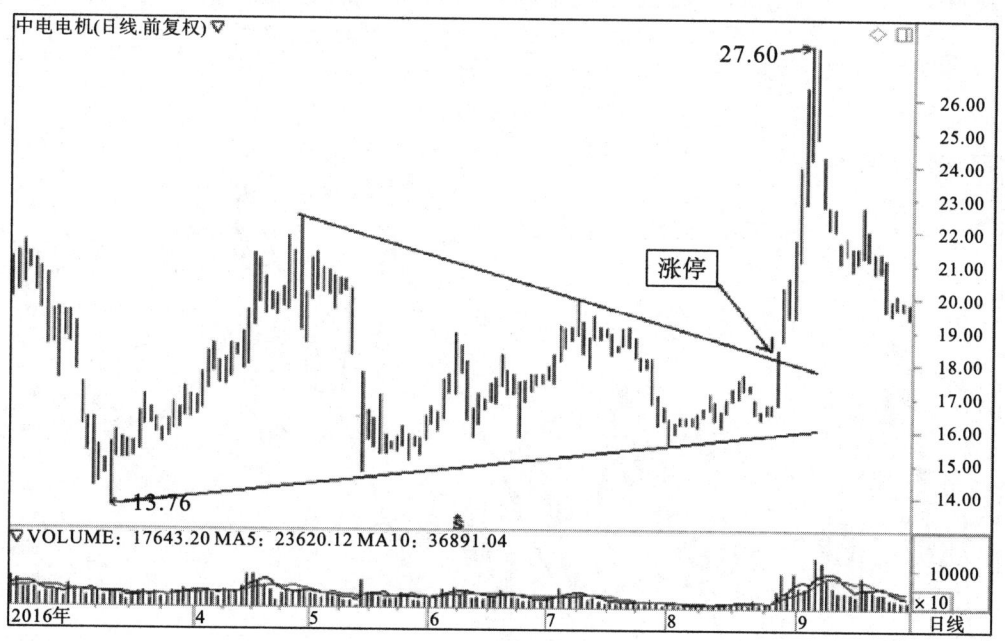

图 5-2-4

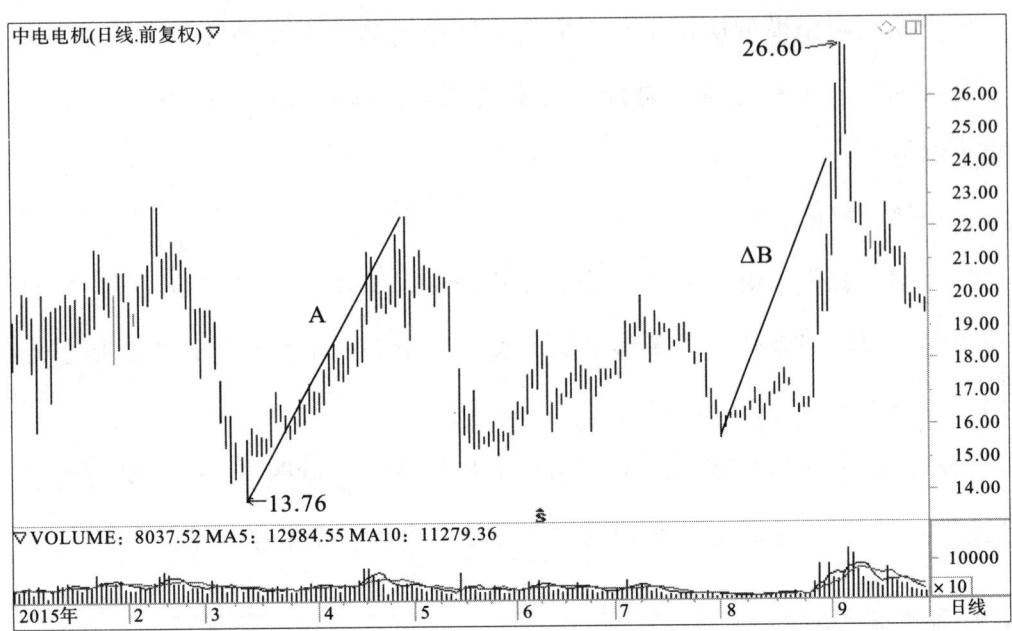

图 5-2-5

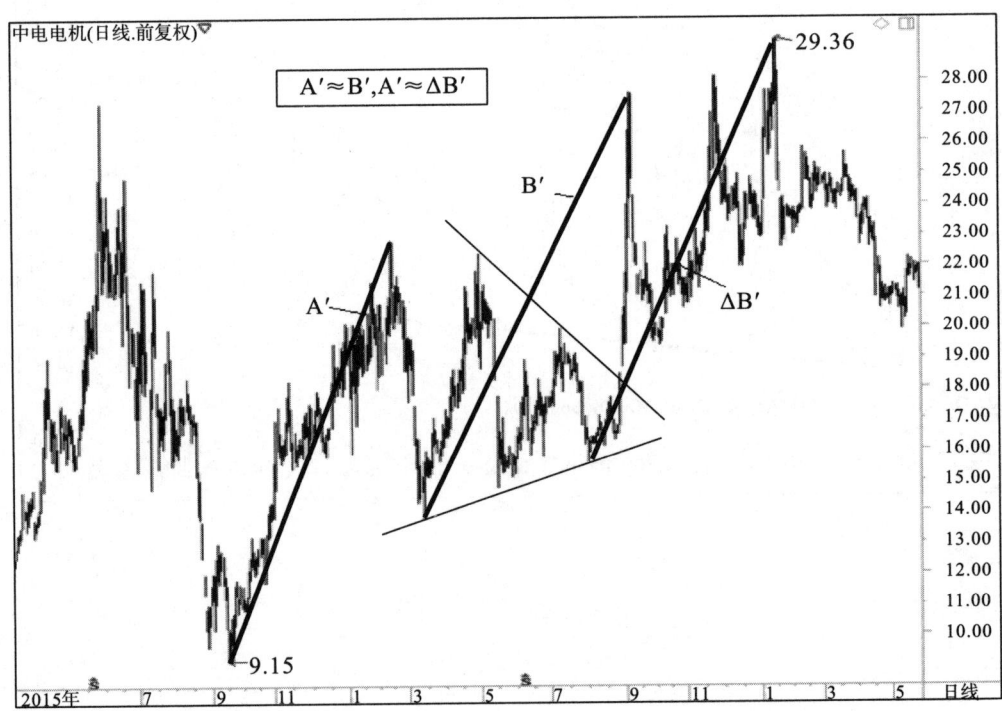

图 5-2-6

小简：看来，确实存在多周期互相制约的问题。

大明：没错！大周期对小周期、整体走势对局部走势的制约更大。

天山股份（000877）2017年2月7日拉出长时期以来的第一个涨停板，一举突破长期震荡的通道上轨，当天涨停板多次打开，反复诱导持股者卖出，使得当日成交量成为近一年来震荡态势的最大成交量。由于底部盘局震荡时间较长，一旦发力向上突破，上涨空间蔚为壮观（见图5-2-7）。

福建水泥（600802）2017年2月20日涨停，也引导了股价突破震荡格局，出现了一波快速的拉升（见图5-2-8）。

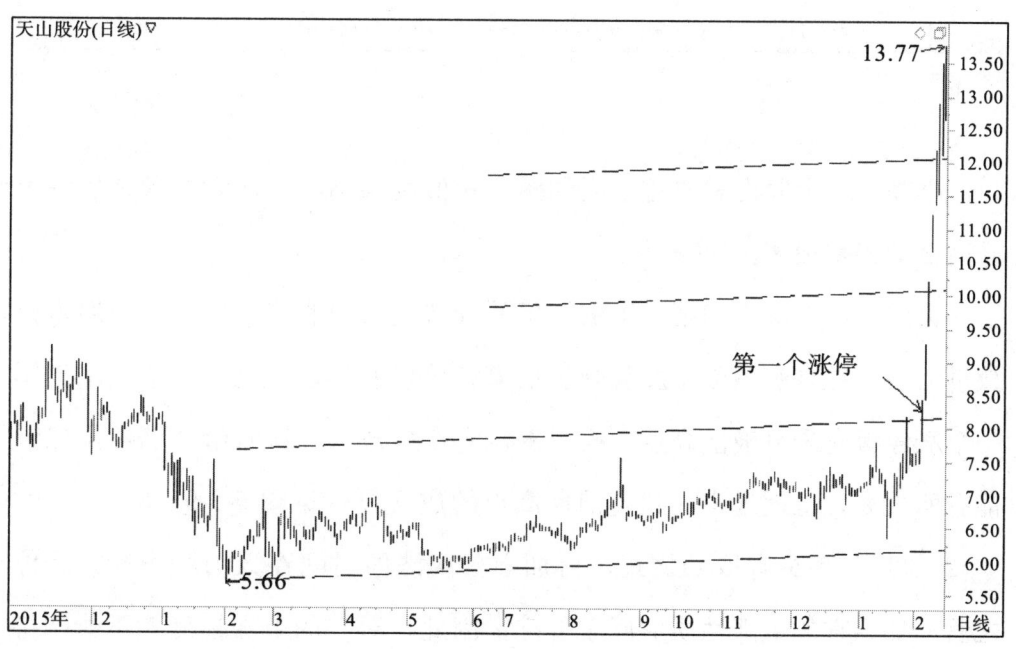

图 5-2-7

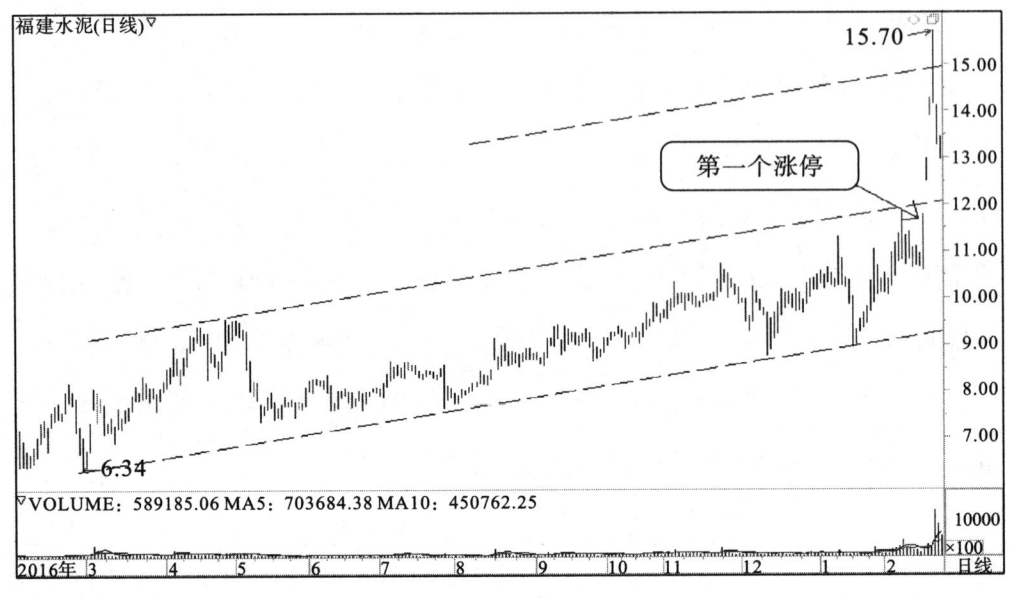

图 5-2-8

小简：天山股份和福建水泥的图形相似度很高，但两者突破之后的上升高度却相差很多。

大明：这个从它们第一个涨停板的气势上可以看出端倪。天山股份是放量突破，首日涨停敢于反复开板换筹，可以看出志在高远。福建水泥第一个涨停板尚未突破前高点，换手率没有有效放大，次日继续涨停虽然量能有所放大，也远远未能超越前期高点的成交量（见图 5-2-9、5－2－10、5－2－11），多头有取巧之意，再加上首次涨停时间在天山股份连续涨停之后，那么它的上涨性质应属于补涨，因此，对它的上涨幅度就不能期待太高了！

小简：原来如此！

第五章 二进制波动原理的应用

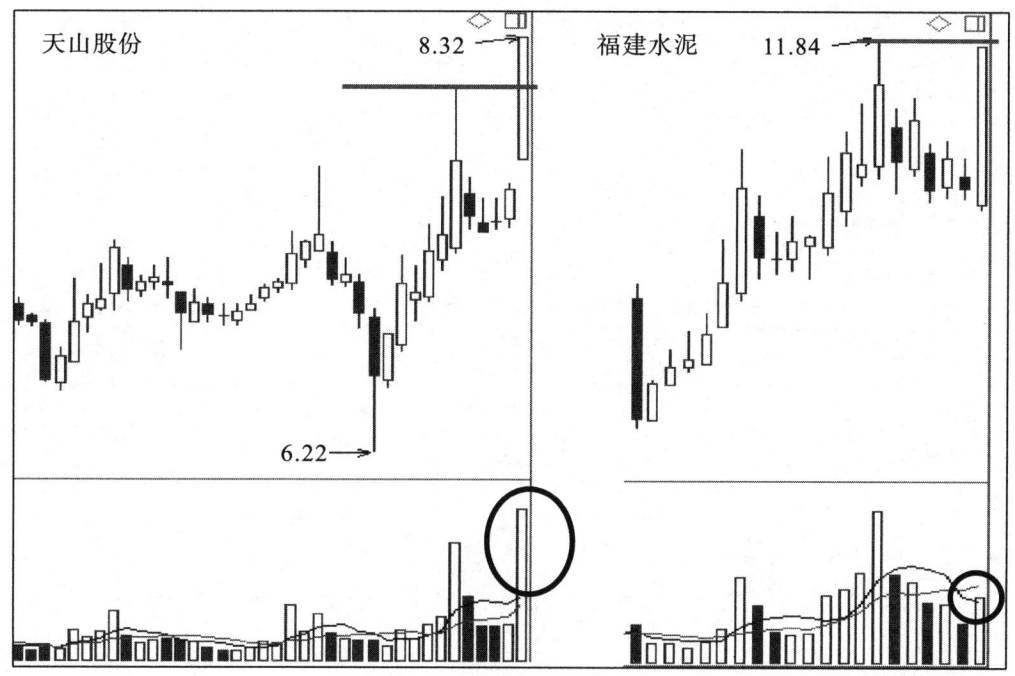

图 5-2-9

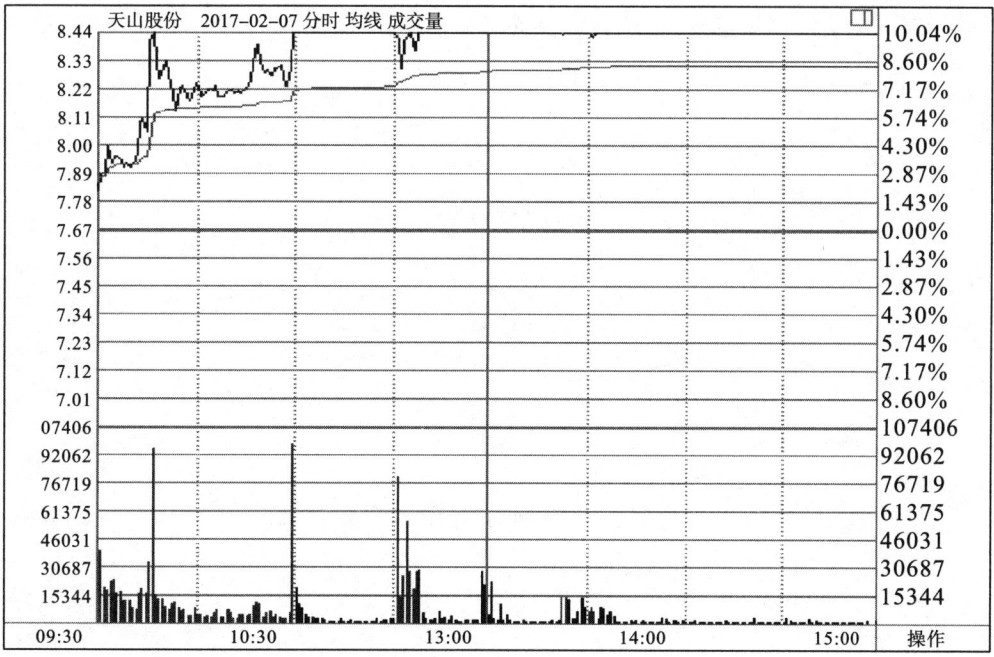

图 5-2-10

127

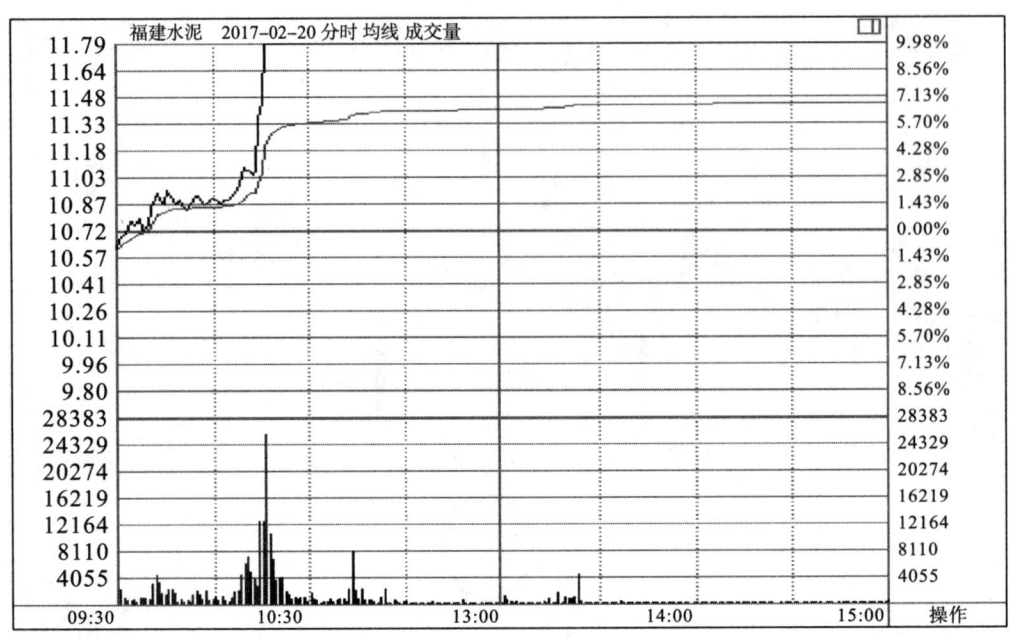

图 5-2-11

大明：下面我们来看看另一个例子，两面针（600249）2016 年 12 月 30 日强势拉出涨停板，突破长时段的震荡态势，走出了主升浪行情（见图 5-2-12）。

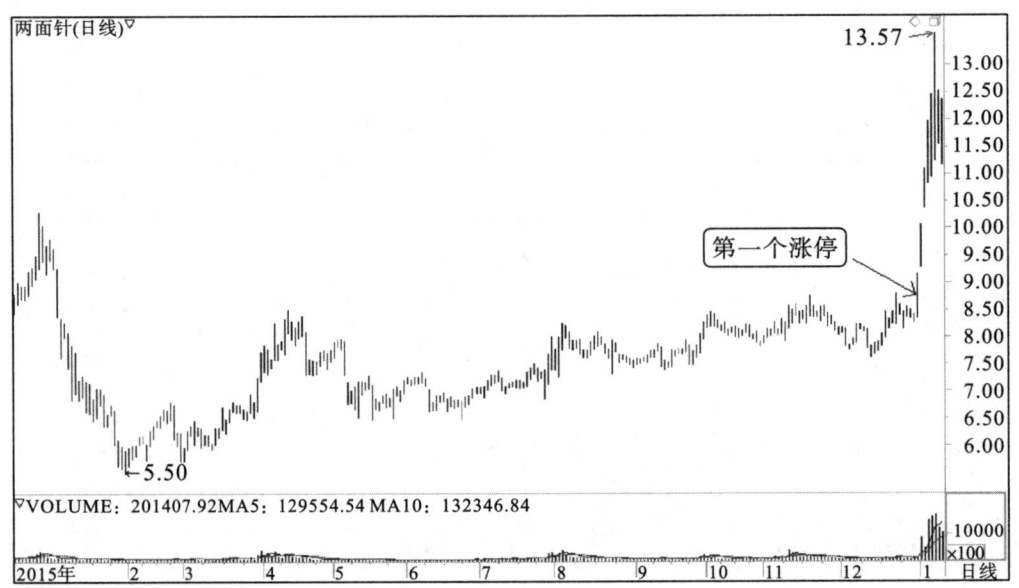

图 5-2-12

小简：它第一个板是早盘快速拉升至涨停板的，一般人即使能判断到后面有好的行情，恐怕也买不到吧？

大明：是的！这种板只有专门操作首板的人才有可能扫到，不过，你如果能通过首板发现波段机会，次日甚至是第三日都是有机会介入的。这只个股后续走出了波段行情，上涨幅度超过了在盘局上再叠加一个箱体的高度（见图 5-2-13）。但它在更大规模的走势中，又刚好上涨至更大箱体的取高叠低法则的目标位置（见图 5-2-14）。

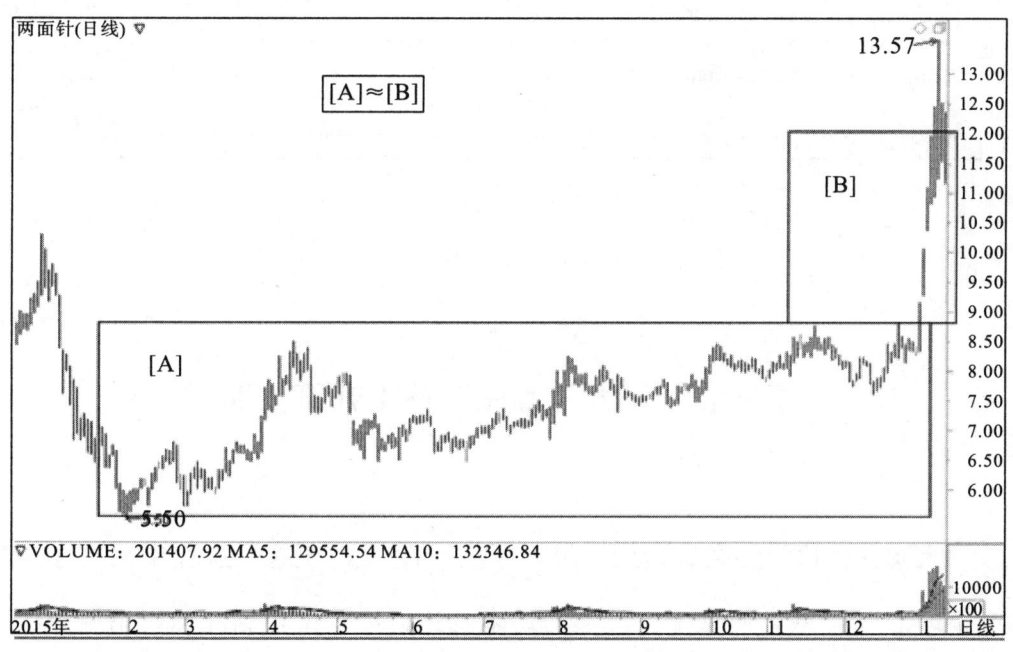

图 5-2-13

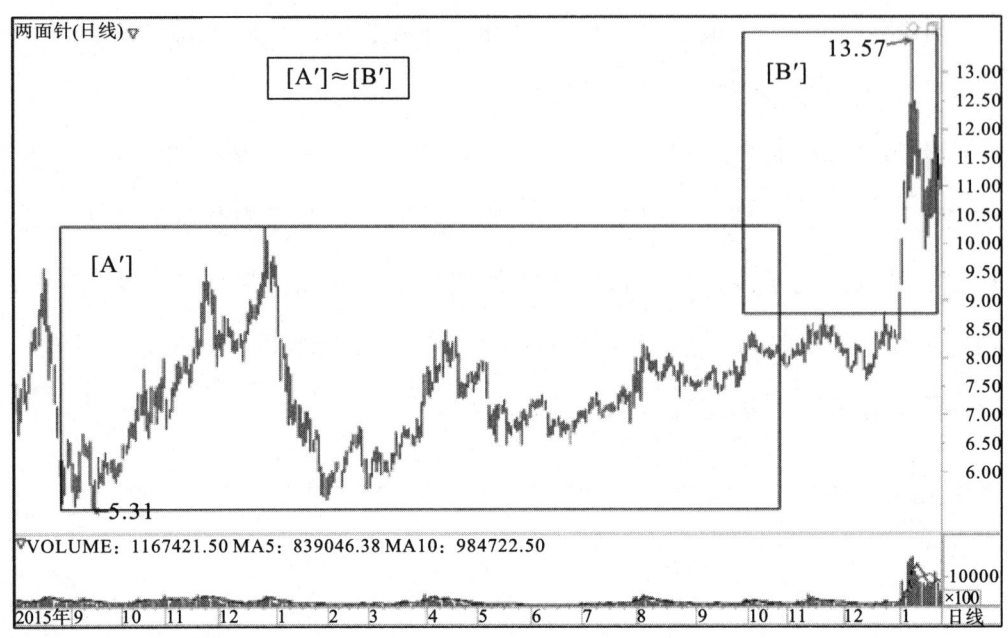

图 5-2-14

第三节 暴力"螺旋"擒主升第二期

大明：股价强势突破盘局，进入了主升阶段，在这个过程中出现了中继整理形态 K 线，而这个主升浪尚远未到达目标价位，据此可以猜测这个主升浪处于暂时的休整状态，它很快就会重新进入冲击的状态。

小简：上升途中短暂的调整是大好机会！

大明：没错，请看实例！骅威文化（002502）2014 年 1 月 17 日在关键位置涨停，有突破盘局之意，第二个交易日，正式突破压力线，进入了主升阶段，当天 K 线收出了一根螺旋桨（见图 5-3-1），分时图上（见图 5-3-2）显示开盘略高开后处于长时间的横向震荡，下午最后一个小时大幅拉升至涨停板，紧接着两波回落，当日放出了阶段性大量，市场主力在这个位置的洗盘意图较为明显。

小简：突破关键位置之后洗盘，这算是比较常见的市场现象了。

大明：没错！当日的振幅超过11%，市场参与者在这里的攻击意愿是比较迫切的，因此该股短期内继续上攻是完全值得期待的！

小简：这里的价位距离突破上升通道的理论上涨目标还是有较大空间的。

大明：没错，这个股票在螺旋桨之后的第一个交易日，下探至理想低点之后，便震荡拉升至涨停，第二个交易日最高冲高至5%左右，操作得当，两个交易日便可获利15%左右（见图5-3-3）。

图 5-3-1

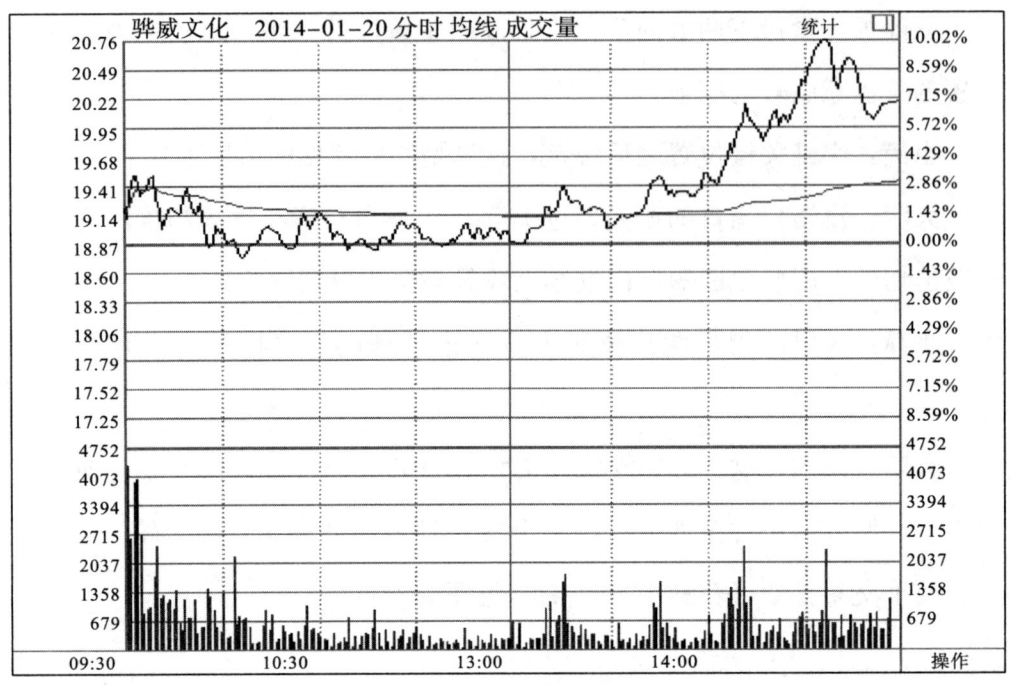

图 5-3-2

图 5-3-3

小简：我总结一下暴力"螺旋"擒主升浪的要点：(1) 股价突破盘局，进入主升浪；(2) 主升浪运行出现中继调整形态 K 线；(3) 目前股价距离主升浪的理论目标位还有比较大的空间。

大明：总结得很好！中继的这根 K 线，振幅大、成交量大，也是很重要的特征，说明多空在这里的争夺达到白热化状态，胜负很快就会见分晓。我们再来看一个例子。万讯自控（300112）2013 年 12 月 24 日、25 日连续两天涨停，冲击前期高点和长期震荡上方阻力线，有向上突破的意图。12 月 26 日，该股一举站上了前期高点和阻力线之上（见图 5-3-4、图 5-3-5），分时图（见图 5-3-6）显示，该股一路震荡上行至涨停板，在涨停板附近反复横向震荡，成交量放出了历史天量。

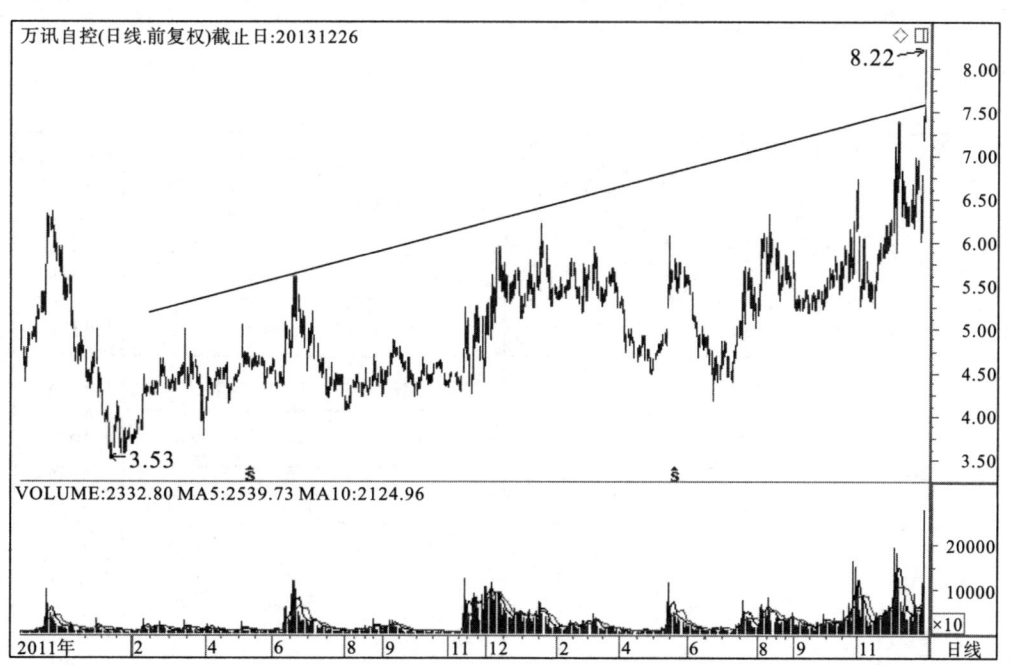

图 5-3-4

图 5-3-5

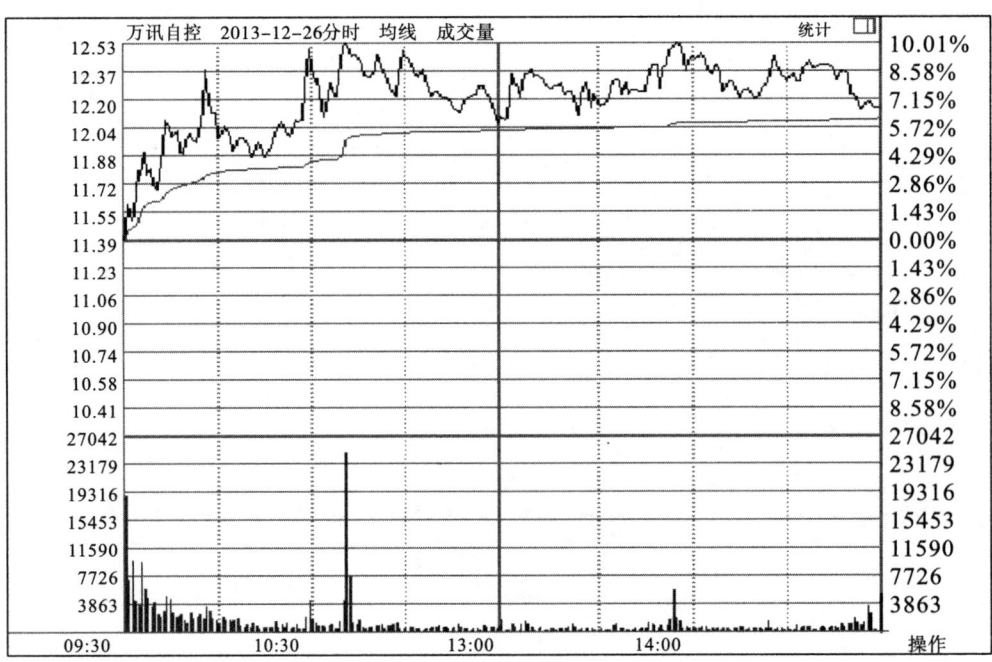

图 5-3-6

小简：这是典型的突破后洗筹兼吸货的动作吧？

大明：没错！股价在这个位置的表现，已经展示它继续向上攻击完成主升浪涨幅的决心。

小简：12月26日的K线形态也是放量螺旋桨形态，看来这种模式真是短线暴利的绝佳方式。

大明：是的！这只股后续三天连涨30%（见图5-3-7），操作上把握得当的话，赚取20%多的利润是完全有可能的。

开元股份（300338）2013年11月11日、12日连续两天涨停突破上升通道上轨，并挑战2013年5月份复权高点，13日该股一举站上这个高点，放量震荡（见图5-3-8、图5-3-9）。

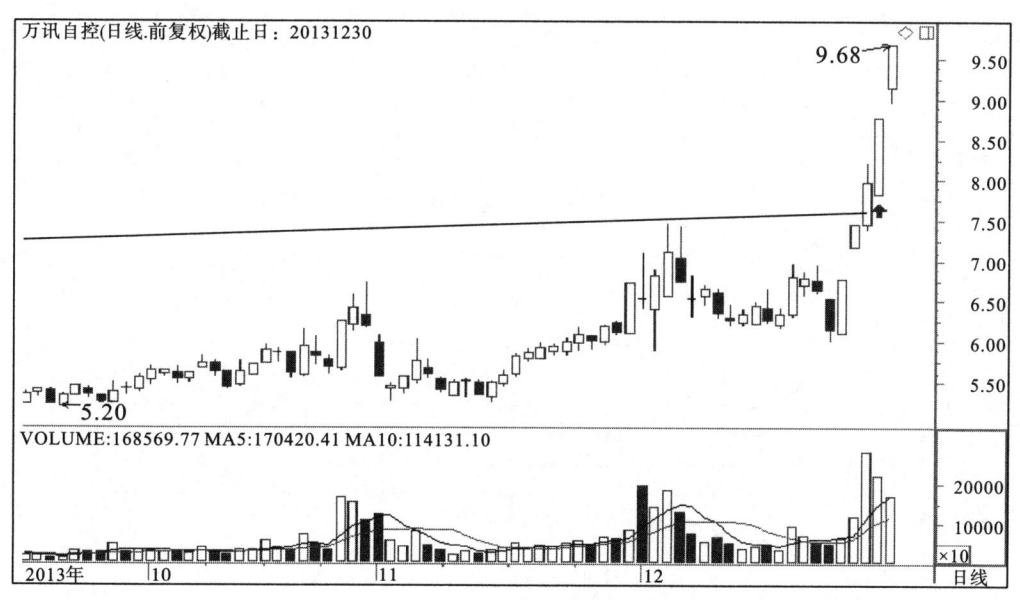

图 5-3-7

小简：这只股票也符合刚才总结的模式的四个特征。

大明：是的！它后续又连续走出了两个涨停板（图5-3-10）。这种模式的威力是明显的！

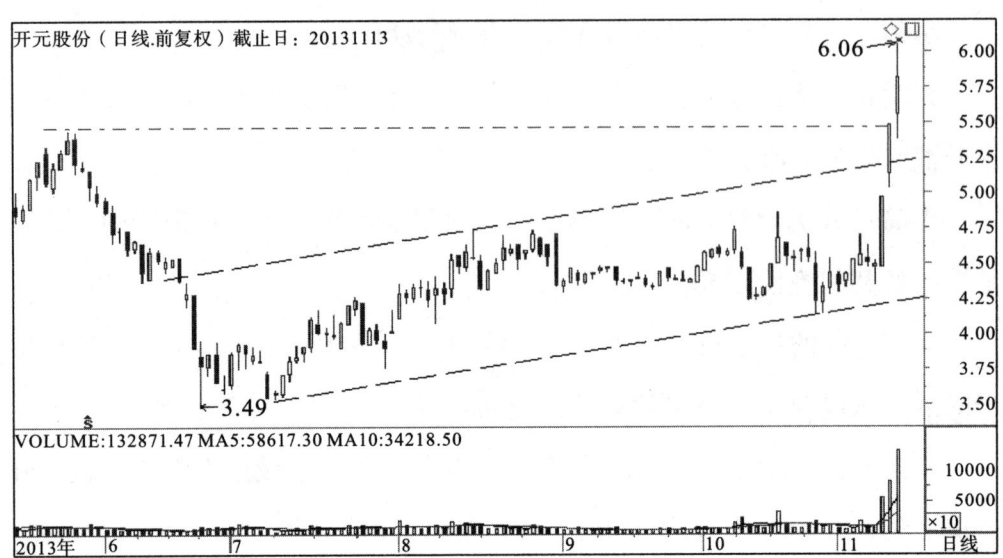

图 5-3-8

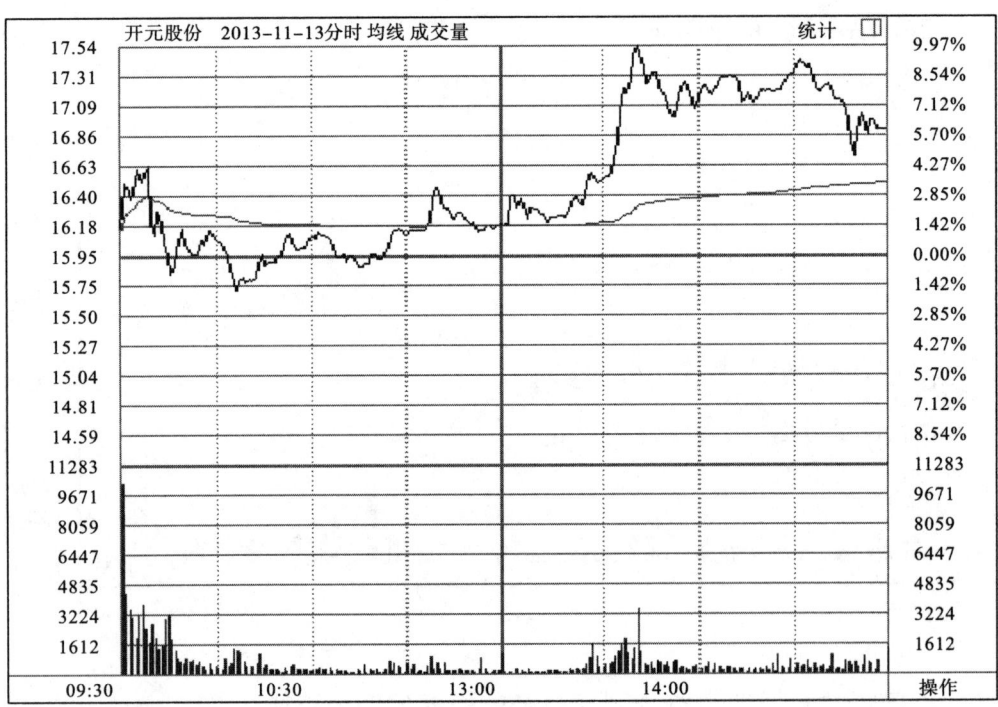

图 5-3-9

图 5-3-10

第四节 借助风口吃大肉

小简：技术分析为什么要借助风口？

大明：因为"风"能把股价更快地送到它可以到达的位置。一个是更快，一个是更加确定能送到。风口也就是阶段性的市场热钱追逐的方向，资金都往这个方向上赶，就成了热点。我们来看一个例子，2016年下半年，"股权转让"题材可谓股市上最大的热点。

小简：是啊！当时，由于重组监管趋严，借壳门槛大幅抬高。因此，产业资本谋划通过股权转让的方式曲线实现资产重组，从而引发了壳资源的溢价大幅提升。

市场分析人士认为：

1. "史上最严"重组新规发布后，壳资源稀缺性凸显；此外，长期来看，注册制的推迟意味着股票上市通道依然非常拥挤，对壳资源的需求有增无减。"壳费"仍然较"贵"，溢价转让股权成为近日来市场常态。

2. 股权转让，成为资本重组的"曲线救国"之路。2016年以来，重组监管趋严，通过协议转让股权的上市公司数量明显增多，从严监管背景下股权转让成为"曲线救国"的"第三条道路"；2016年9月9日证监会发布重大资产重组新规后，进一步抬高了借壳的门槛和"壳费"，使得产业资本需要支付更高的溢价，因此催生了二级市场潜在的优质类"壳"股的投资机会。

3. 股权转让模式分为两类：其一，资金方直接溢价购买股权，做大股东或者二股东（未来多谋求控股）；其二，重组和股权转让同时进行的"激进"模式。一般而言，类"壳"股具有显著的共性：市值偏低、股权较为分散、民企居多、多分布于传统产能过剩行业等；并且，随着股权转让越来越成为推进国企改革的重要手段，国企类"壳"股投资价值彰显。

4. 从两条主线挖掘股权转让主题的投资机会：（1）股权转让公告后的套利效应，尤其是正在实施（达成转让意向、签署转让协议）、高溢价转让、现价与转让价仍有较大差距的小市值个股。（2）存在股权转让预期的国企类"壳"股，特别是市值较低、股权分散、涨幅不高的国企，优先考虑可能存在股权变更、一年内有过重组失败的公司。

大明：这波股权转让题材的龙头是四川双马（000935）！

小简：2016年8月22日，四川双马原大股东拉法基宣布退出第一大股东地位，拥有IDG背景的和谐恒源实际控制人林栋梁将成为上市公司新的实际控制人。8月22日它复牌后连续四天都是一字板涨停。

大明：这种一字板一般人是买不到的。但它接下来进入了强势盘整阶段，向上突破后，一路换手上去，这个过程大家都是有机会参与的。

小简：不过由于恐高心理，敢于参与的人恐怕也很少吧？

大明：机会总是留给有准备的人的。如果对股价的运行规律了解得深刻的话，实战中，就多了一份胆气！

小简：是的！

大明："股权转让"题材的龙头地位，使得四川双马实现了历史超级大箱体突破的理论涨幅！观察其运行过程，总体上体现"合二而一"模式，局部虽然多次出现三进制，但也可以用箱体理论进行把握（见图5-4-1至图5-4-7）。如果我们对二进制波动理论掌握得很熟练，那么就可以用它来俯瞰全局，对其过程中各大买点的参与就不容易受所谓恐高心理的制约。

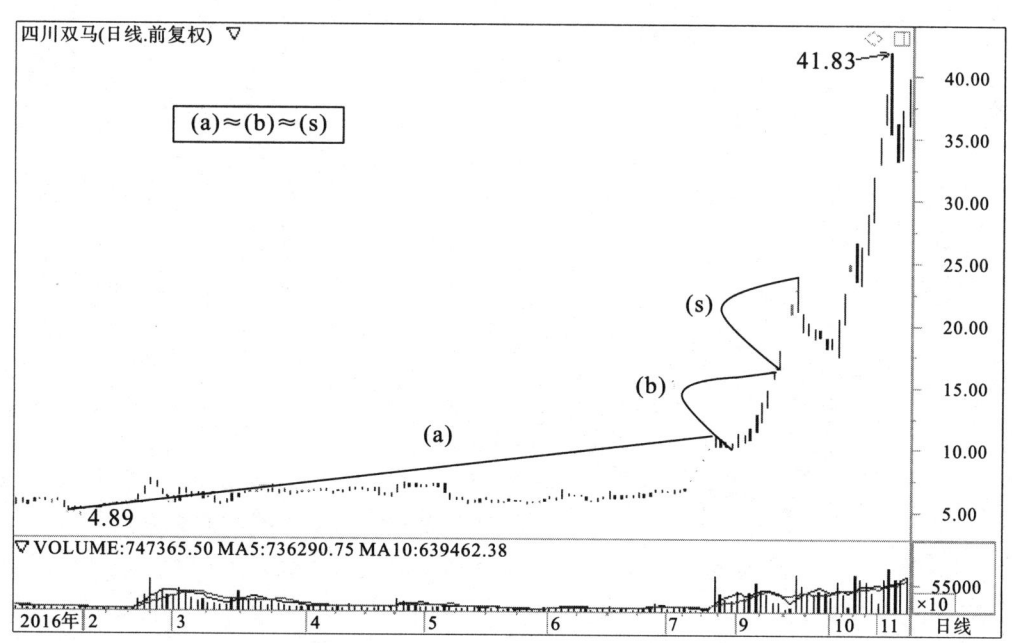

图 5-4-1

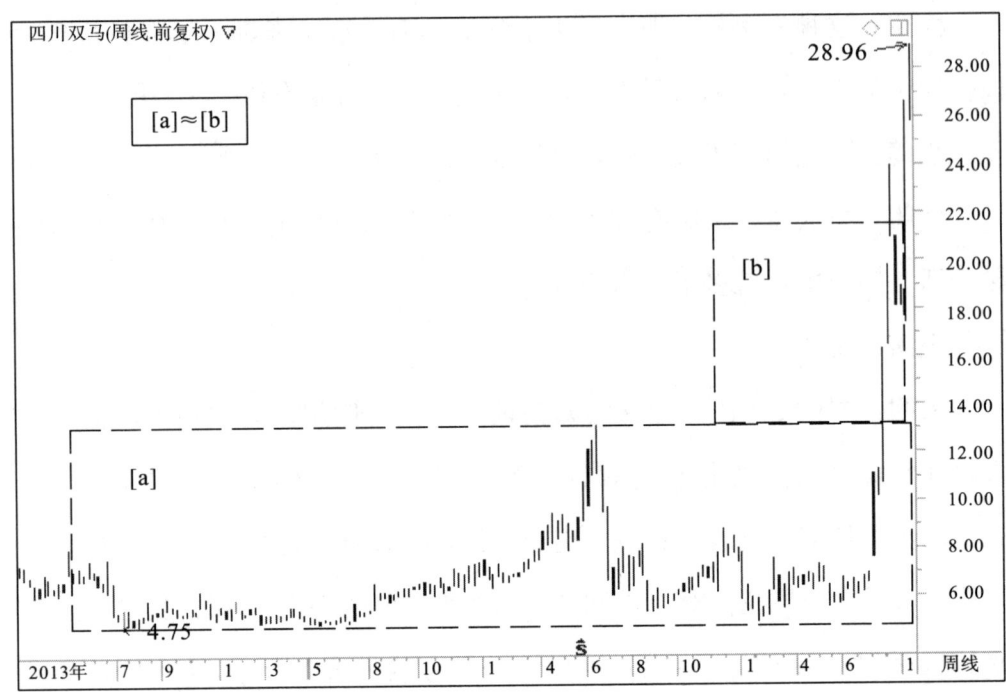

图 5-4-2

图 5-4-3

第五章 二进制波动原理的应用

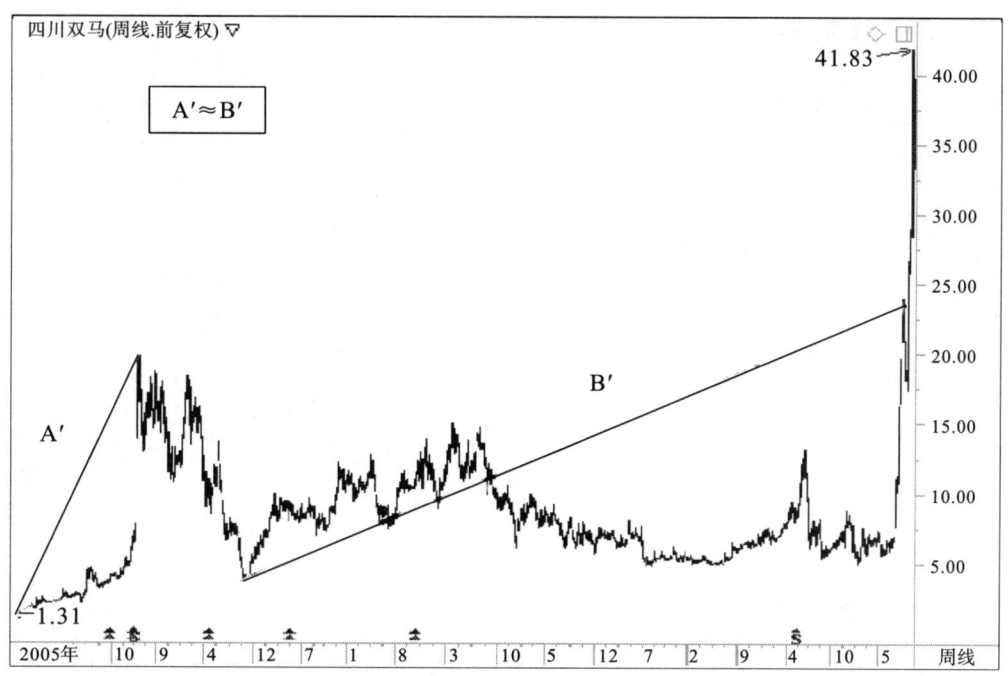

图 5-4-4

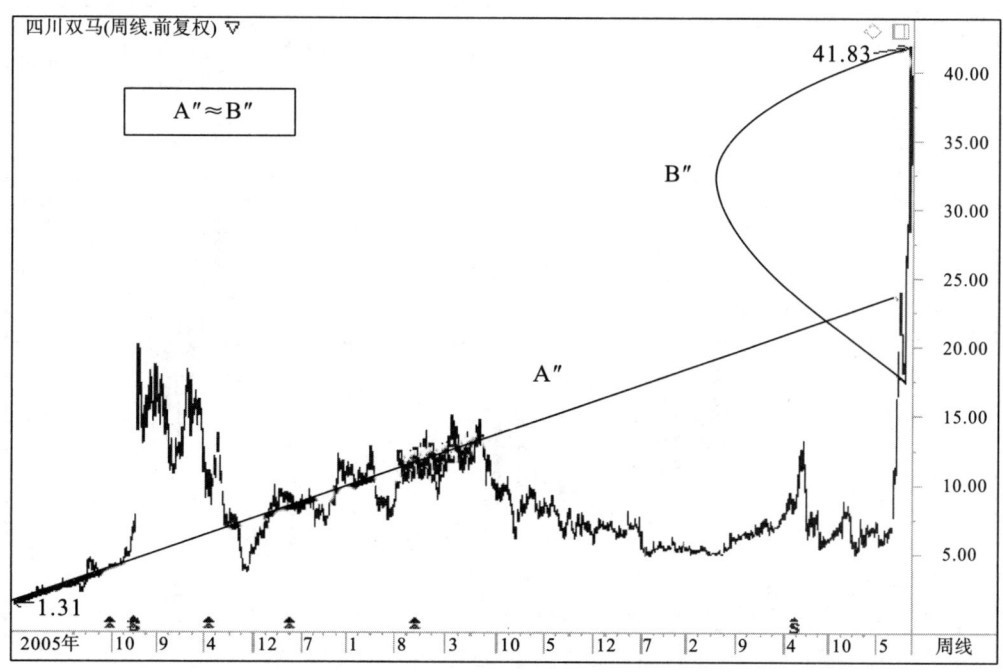

图 5-4-5

141

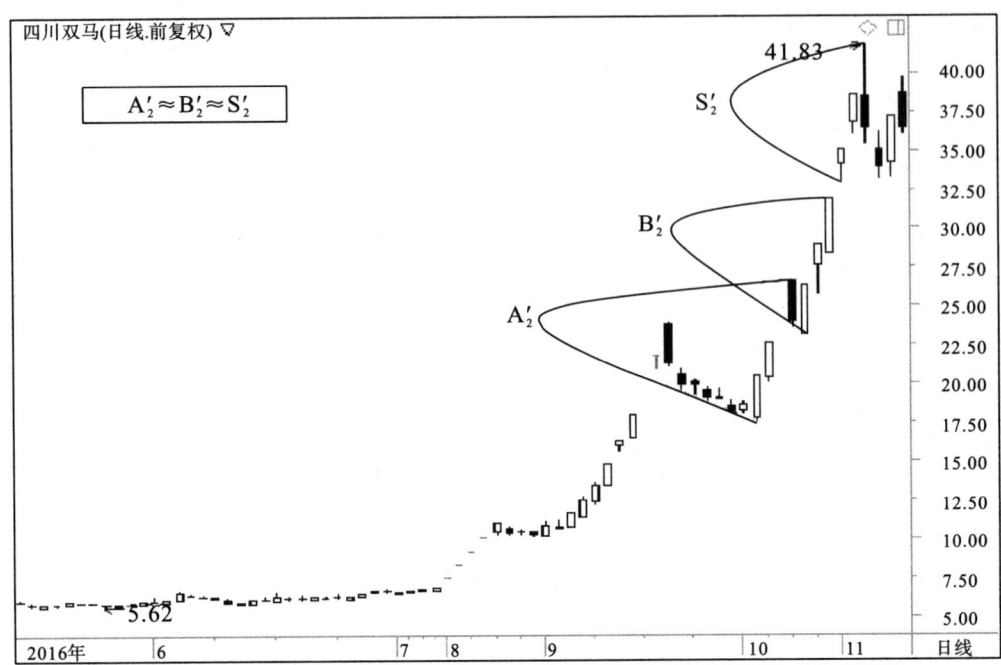

图 5-4-6

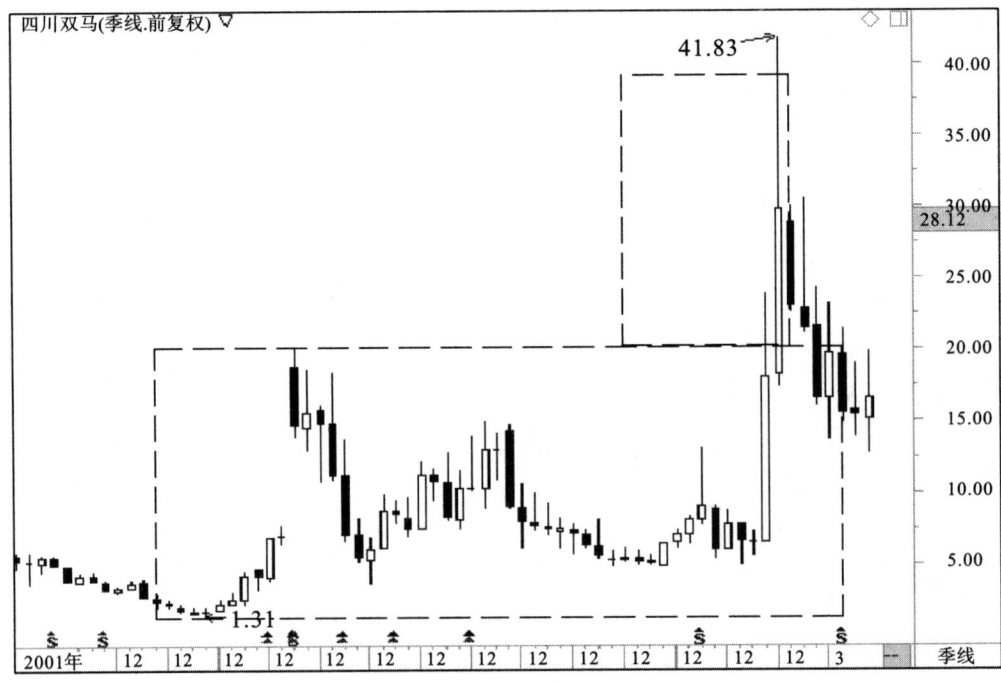

图 5-4-7

小简：看来二进制波动原理就是一张活地图，运用好这张活地图，操作牛股，内心就有了底气了！

大明：2016年9月26日，泸天化（000912，现名*ST天化）由盘前的一则"股权转让"公告，引爆了主升浪！

小简：泸天化2016年9月23日晚间公告披露，接到控股股东泸天化集团的通知，泸州市国资委经请示省国资委，同意泸天化集团通过公开征集方式协议转让所持1.15亿股泸天化股份，占公司总股本的19.66%。截至2016年6月底，泸天化大股东的持股比例高达54.38%。

大明：当时，这只股票正处于长期收敛形态——三角形即将突破的位置，该股公告后的第一个交易日即9月26日，大幅高开并迅速拉升至涨停板，开启了主升浪之路（见图5-4-8至图5-4-10）。

图 5-4-8

图 5-4-9

图 5-4-10

第五章 二进制波动原理的应用

2016年9月份，由于四川双马持续上涨，带动了股权转让及泛股权类个股的活跃，很多相关个股一举完成了主升浪的运作。武昌鱼（600275，现名 ST 昌鱼）也是一个很好的例子。

小简：武昌鱼 2016 年 10 月 16 日发布公告称，长金投资、武汉联富达与杨青、李冰清、望宁、夏智勇、胡青签署一致行动协议，共持有武昌鱼 17.39% 的股份，成为公司第二大股东；长金投资持有 7.02%，并承诺继续增持 2.98%。若增持完成，上述 7 名投资者将至少持有武昌鱼 20.37% 的股份，直逼大股东华普集团 20.77% 的持股比例。

大明：该股停牌一个星期后，于 2016 年 10 月 24 日复牌，复牌当日一字涨停，引爆了主升浪（见图 5-4-11）。

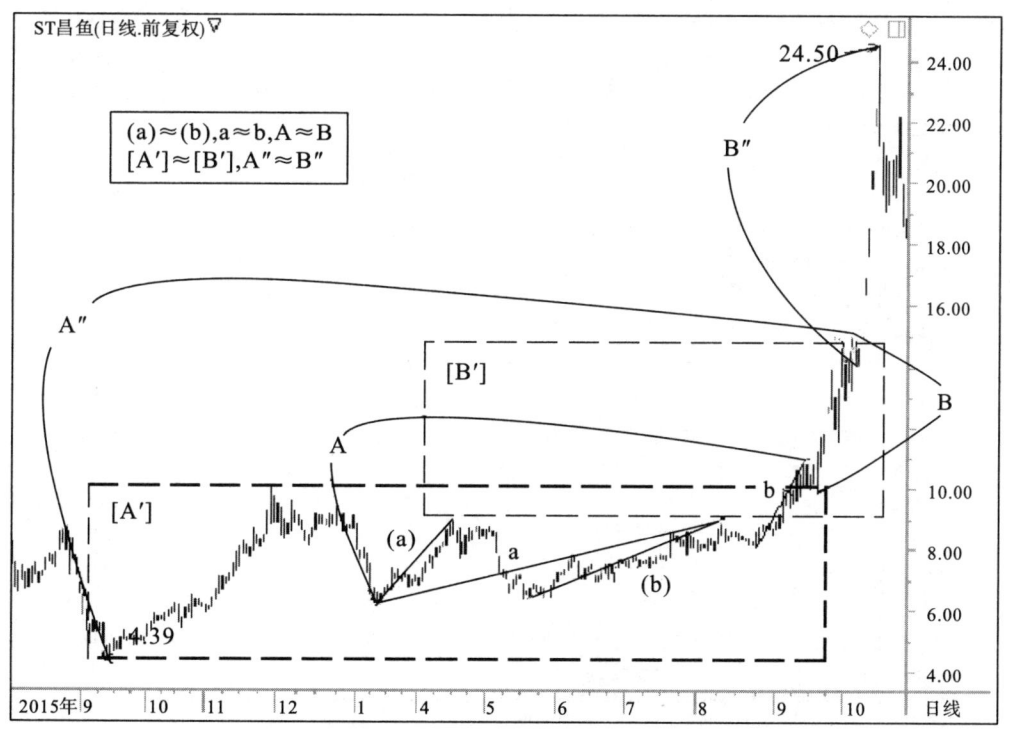

图 5-4-11

大明：2017年4月1日，中央决定设立雄安新区，并说这是"千年大计"。4月5日开盘，雄安相关概念股暴涨，大部分概念股封死"一字板"。之后，概念股中的土地储备类（主要是地产股、本地股）和基建投资类（水泥股、建材股、钢铁股）股连续数天拉"一字板"。

小简：这类股基本上是无法参与的。

大明：是的！但是4月6日出现过涨停开板的雄安概念环保类股被市场所发掘，4月7日，首创股份（600008）在前一天的收盘价之下震荡了一个多小时，10点50分，迅速启动，11点，该股封住了涨停板（见图5-4-12），带动了环保类股整体走强，也确立了它在环保类股中的龙头地位。

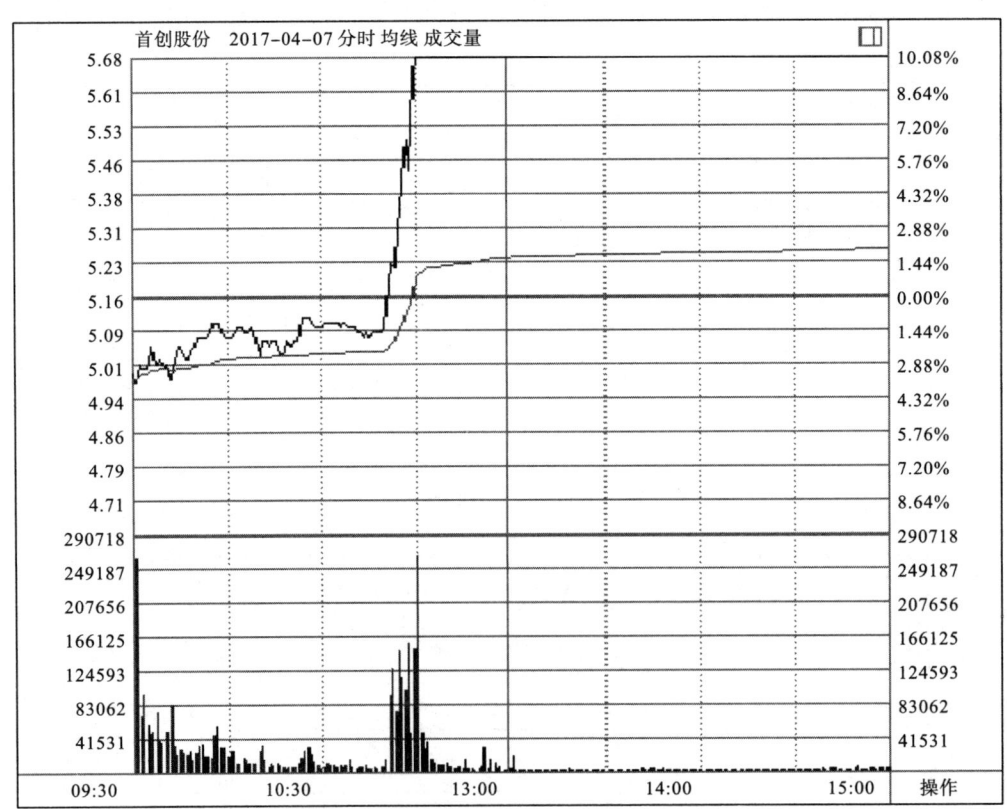

图 5-4-12

从图 5-4-13 上看，该股 4 月 6 日的 T 字板刚好碰及上升通道的上轨，4 月 7 日，拉出大长腿涨停板之后，连续四天涨停，最高点刚好处于通道 /B′/ 的上轨。

小简：呵呵！通道也遵循二进制波动原理！

大明：是啊！雄安环保龙头地位使得它轻松地实现了大通道突破，到达叠加通道的上轨，并继续扩展通道的级别，进而完成了更大级别通道突破的上涨目标。

小简：这就是身处风口的好处，技术目标得以轻松实现！

大明：是的！4 月下旬，雄安概念"风再起时"更是使龙头股冀东装备（000856）实现了历史超级类大箱体突破（见图 5-4-14）。

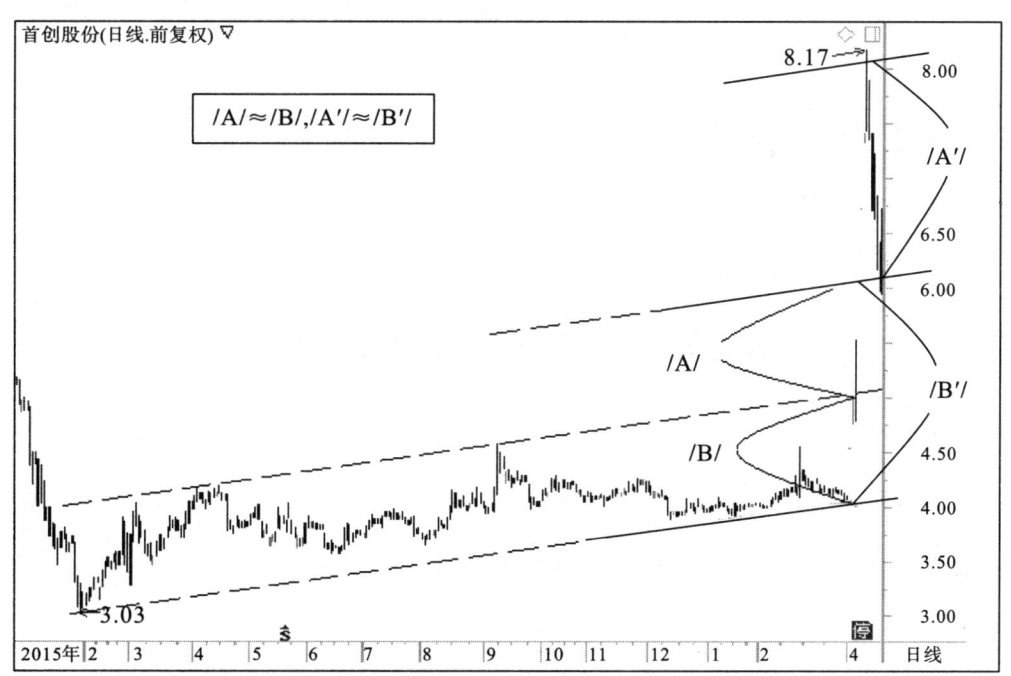

图 5-4-13

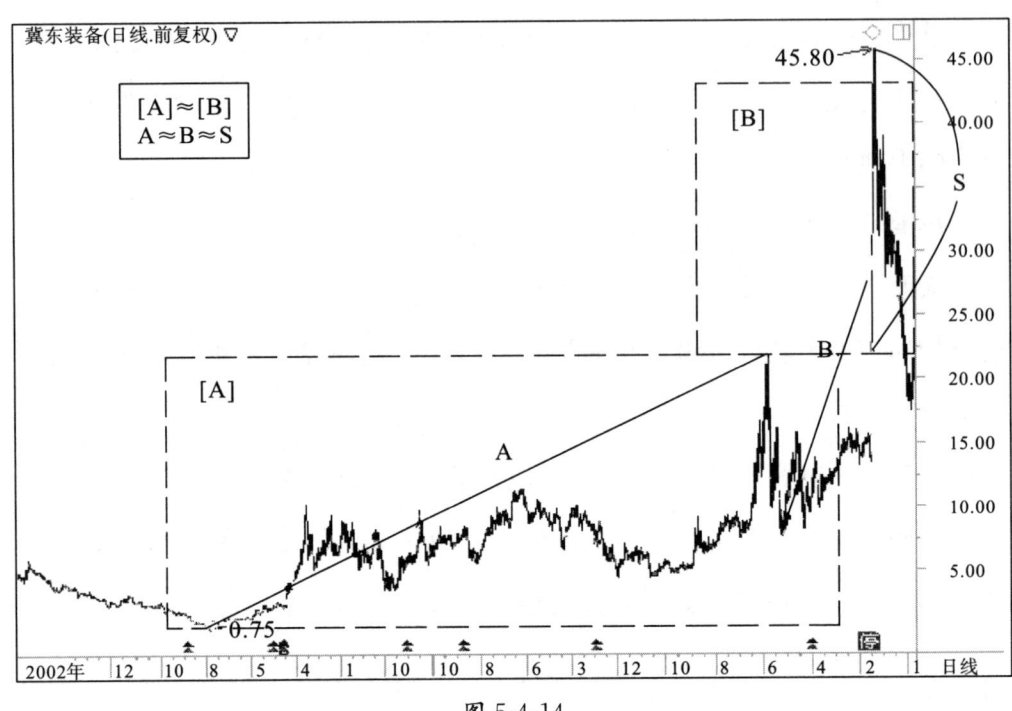

图 5-4-14

小简：看来，技术分析要结合风口，才能更有效率地获利！

大明：没错！

第五节　大阴"螺旋"巧抓涨停板

大明：大港股份（002077）2016年6月14日收出了一根穿头破脚的大阴线（见图5-5-1），它向上的部分完成了前面几根K线下跌的反弹，向下的部分基本上完成了反弹完毕之后的下跌。

第五章 二进制波动原理的应用

图 5-5-1

小简：大港股份 2016 年 6 月 13 日晚间公告称，为了抢抓新兴产业发展机遇，加快推进公司战略发展的步伐，公司将与另外七家公司合作，共同出资成立力信（江苏）能源科技有限责任公司。公司注册资本 10 亿元，公司股权比例为 5%。公司表示，本次成立合资公司主要是为了投资锂电池项目，项目计划总投资 30 亿，项目建成后将达到年产 30 亿瓦时的车用锂离子动力电池及新能源储能电池系统。该项目产品主要应用于新能源商用车、乘用车、特种车等新能源电动车领域及与光伏发电、风力发电等配套的储能系统领域；其中，将形成 20 万辆新能源汽车配套能力和至少 1 亿瓦时储能系统生产能力。公司以战略投资者参与合资公司该项目，有望获取可期的投资收益。

大明：嗯！就是受这个消息的刺激，它 6 月 14 日开盘，大幅跳空高开并迅速冲上涨停，由于6月13日深证成指大跌4.4%，投资者惊魂未定。它前几天的下跌积累的短期的套牢盘，幸运地得到解套机会，自然是坚决走人的，但由于解套资金都想走，产生了踩踏效应，从涨停板下行至-5%，全天振幅高达15.34%（见图5-5-2）。这根K线的走势完成了下跌结构的反弹及最后一波下跌，使下跌的结构基本完成，接下来的反弹也就值得期待了。

小简：这样就能判断它会产生涨停板吗？

大明：历史经验表明，这样的阴K线之后，很容易引发强势反弹。

小简：可否这样理解，当天能冲到涨停板，是因为有实质性利好的，但由于遭遇惊魂未定的解套盘的抛压踩踏，致使当天出现了大跌，市场情绪平复之后，大家很快意识到这是一种错杀行为，于是又有资金迅速买入，使它大幅反弹？

大明：很好！这样的理解是很恰当的！

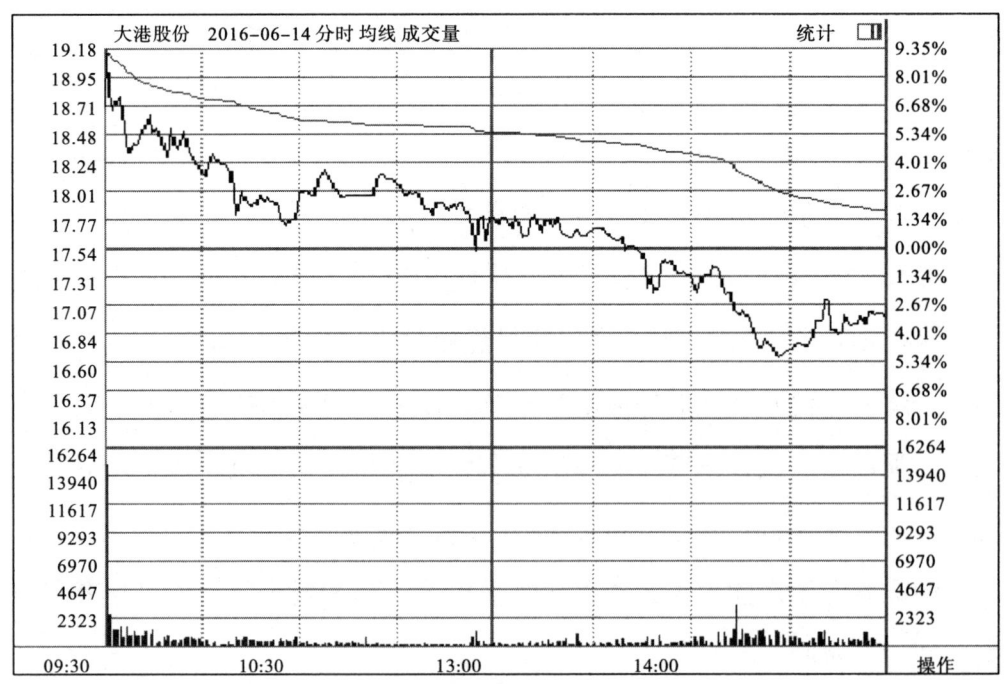

图 5-5-2

大明：从技术图形看，该股6月14日的"穿头破脚"大阴线，刚好完成了6月2日以来的调整浪的反弹和最后一跌的技术动作，价格形态在结构上已经具备反弹的条件了，6月15日开盘形成的低点也已运行至重要均线及关键的回撤比例位置，从15分钟的结构图看，最低点刚好处于下降通道"取高叠低"下降版的下轨上（见图5-5-3）。技术完全具备反弹的条件。同时，大盘在6月14日已经出现了止跌的迹象，该股接下来展开反弹的内部及外部条件已经同时具备。

小简：该股6月15日报收涨停（见图5-5-4）。后续仍继续保持强势上行，短短10天，股价从6月15日的最低点起，上涨了50%（见图5-5-5）。

图 5-5-3

图 5-5-4

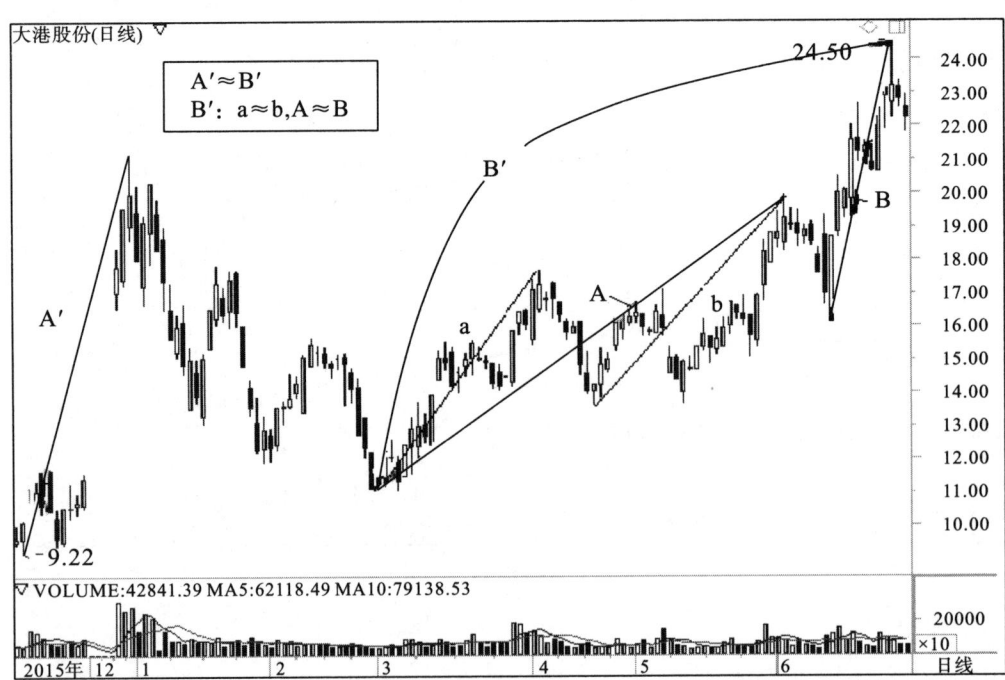

图 5-5-5

大明：是啊！该股 6 月 15 日、16 日的强势表现，短期技术状态是重要的原因，这段涨幅也是我们运用这种模式要获取的目标利润。而该股后续能继续上涨达到 50％的涨幅，已经跟我们这种操作模式无关了。

小简：明白！运用一种操作模式，只关注这种模式的确定性利润就好了。

大明：是的！接下来，我们看另一个例子，驰宏锌锗（600497）2018 年 2 月初，也是同样的模式。2 月 1 日阴螺旋桨，完成了反弹到最后一跌的过程（见图 5-5-6、5-5-7）。

内部 30 分钟图显示，最低点在箱体叠加的下沿（见图 5-5-8）。

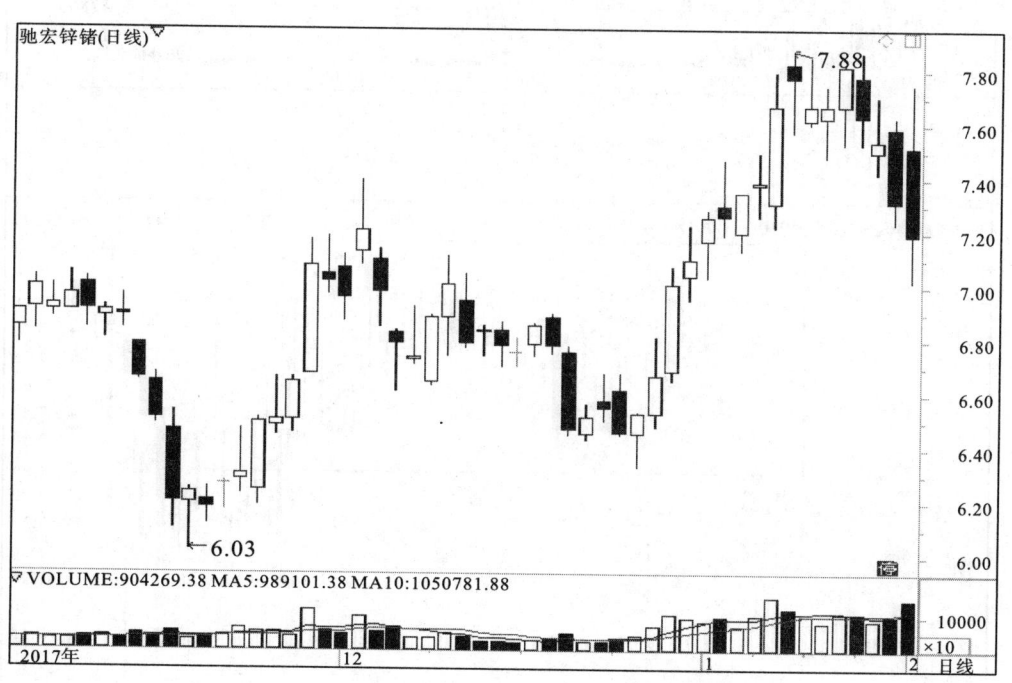

图 5-5-6

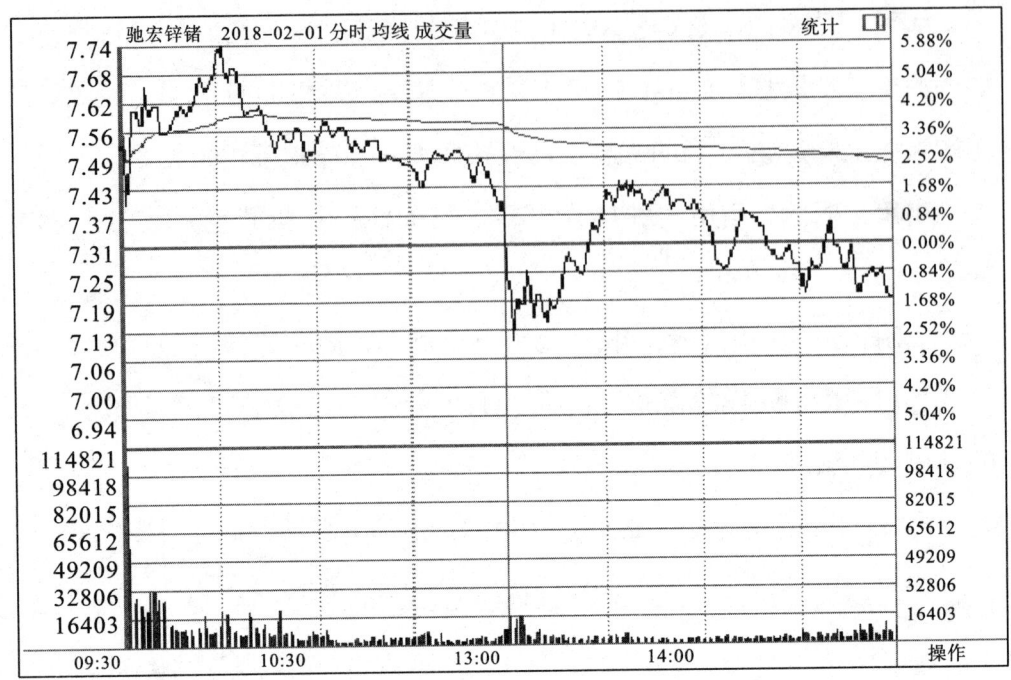

图 5-5-7

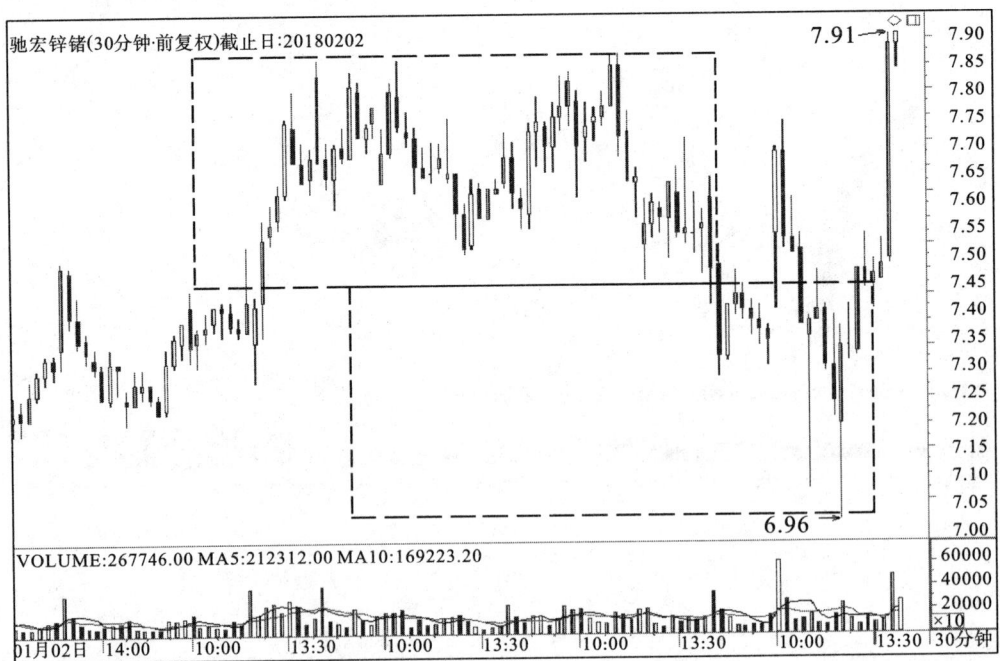

图 5-5-8

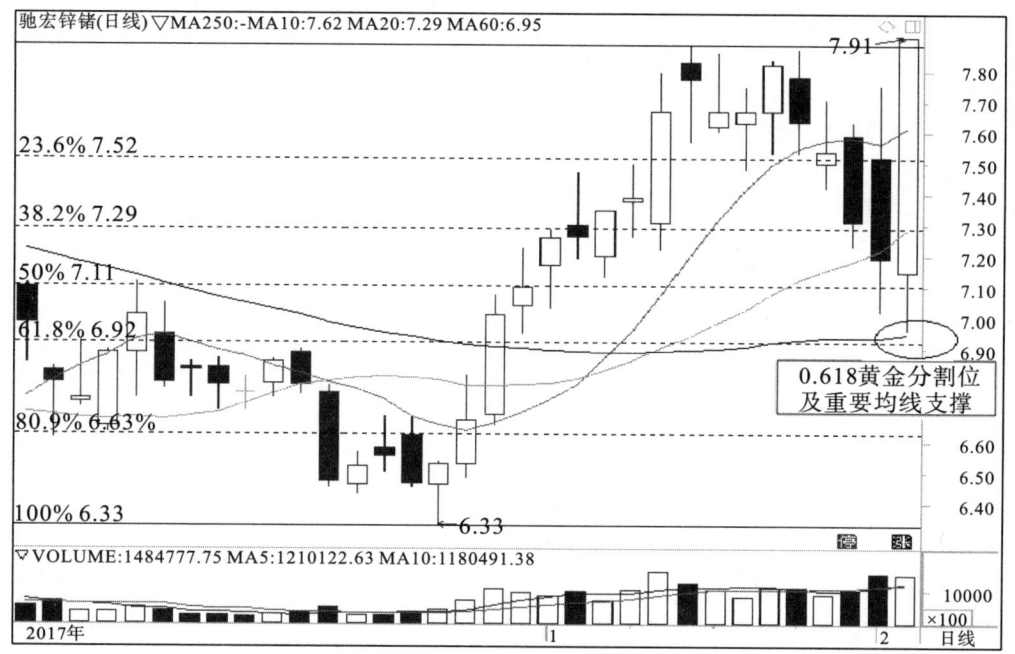

图 5-5-9

大明：2月2日的低点刚好打到了0.618的黄金分割点及重要均线的交会处（见图5-5-9）。技术支撑很充分，可以根据模式入场。

小简：是的！2月2日，它涨停了，第二个交易日还有冲高，短期利润是很不错的！

第六章

二进制波动原理实操案例

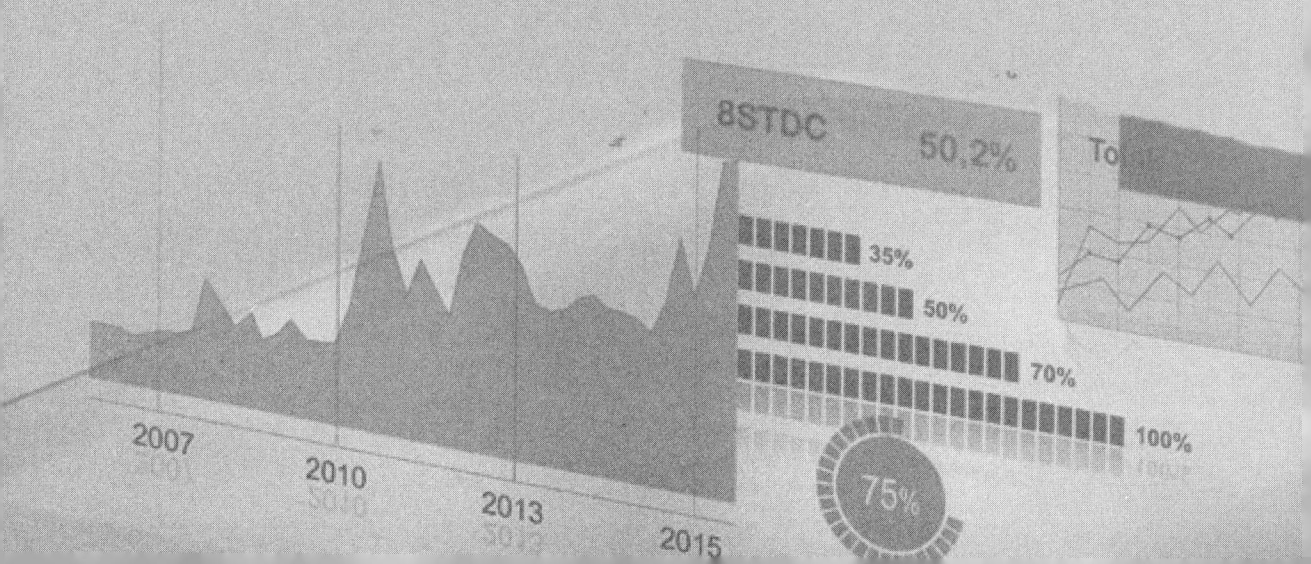

第一节　上证指数上涨 3000 点的研判实录

大明：2015 年 6 月上旬，在股灾前夕，我给部分学员和朋友发出了巨大风险即将来临的提示，下面截图是当时发邮件给部分学员的见证：

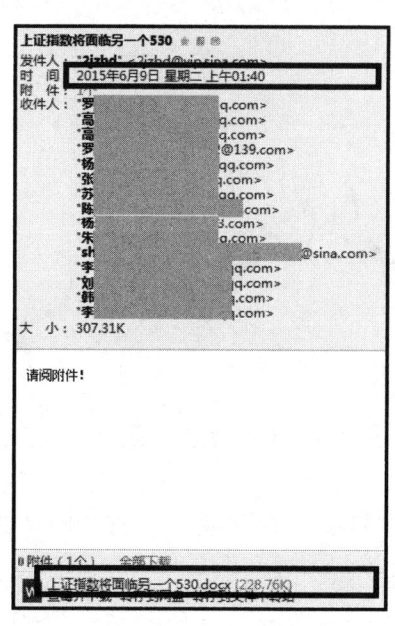

注：所谓 530 是指 2007 年 5 月 30 日凌晨，财政部突然宣布将印花税从千分之一上调至千分之三，导致股市在短短一周内从 4300 点一路狂跌至 3400 点，众多股票连续遭遇 3 个跌停板，广大投资者因猝不及防而损失惨重，史称"530"事件。530 几乎成了股灾的代名词！

小简：我们来回顾一下这封信的内容吧！

大明：好的！

5300 点——很可能是另一个"530"

上证指数在本轮牛市中已经跨过了三道坎，第一道坎是历史阻力位——2009 年 8 月份的 3478 点。本轮牛市运行至接近此阻力位时出现了回撤，自 3406 点回撤至 3049 点（下跌 357 点，运行 12 个交易日）。

上证自 1849 点至 3406 点的首轮上涨，上涨绝对值为 1557 点。以 3049 点为起点的新一轮上涨，将在其上涨了同等上涨绝对值时，即在接近 4606 点（3049 点＋1557 点＝4606 点）时面临较大的调整压力，这是第二道坎，实际上上证指数运行至 4572 点，即出现了较大的回撤，回撤低点为 4099 点（下跌 473 点，运行 8 个交易日）。

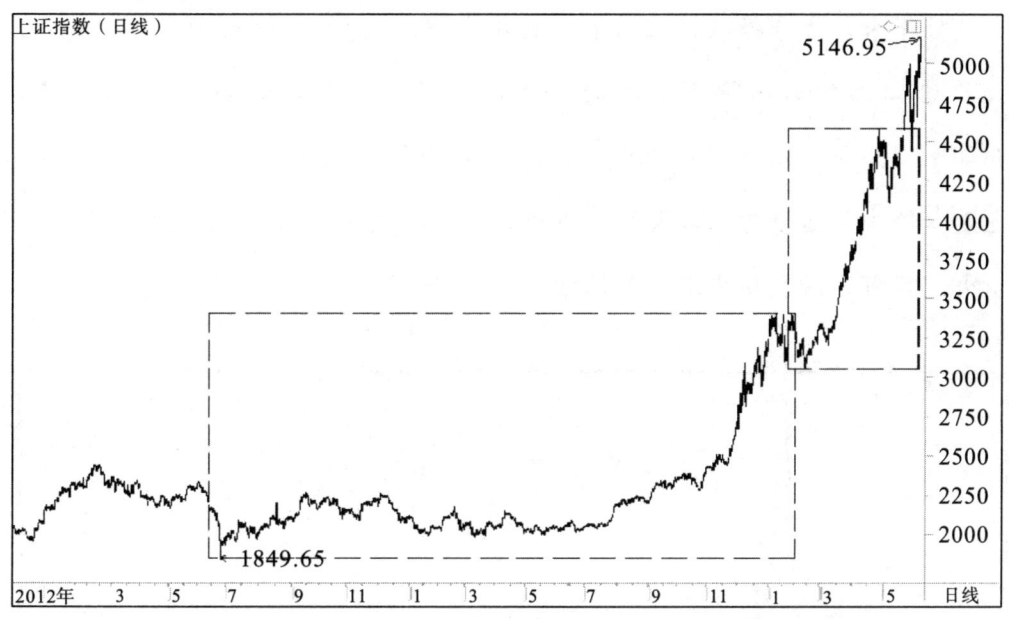

1849 点至 3406 点的首轮上涨，上涨绝对值为 1557 点。在此上涨的高点之上叠加同等的上涨值，也是一个较大的阻力点。3406 点＋1557 点＝4963 点，上证指数在 4963 点面临第三道坎。实际上上证指数在 4986 点出现较大回撤，回撤低点为 4431 点（下跌 555，运行 2 个交易日）。

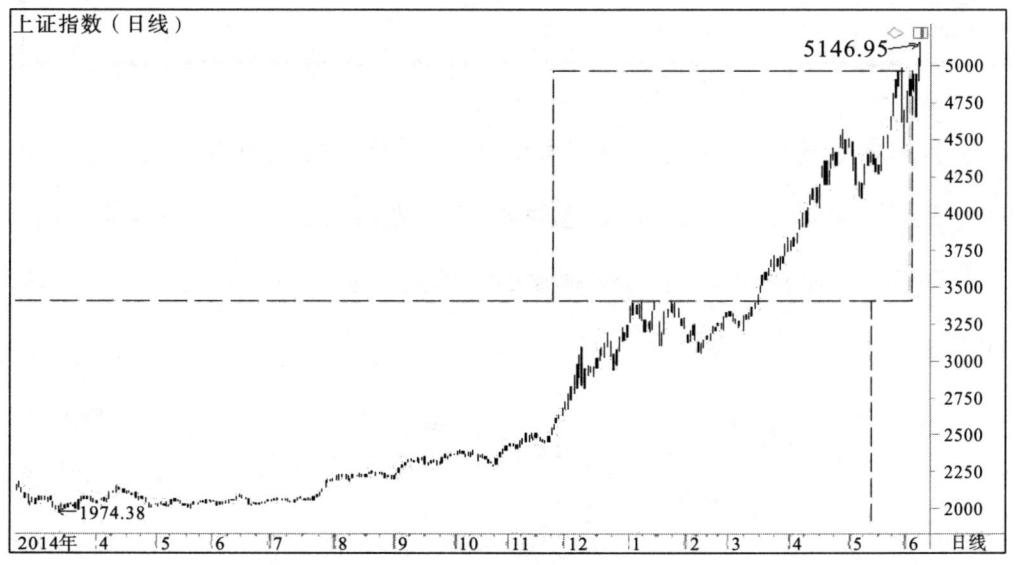

接下来，上证指数将面临第四道坎，即自2008年低点1664点以来的大箱体向上叠加同等上涨值的重要阻力位。大箱体的高点为3478点，3478＋（3478－1664）＝5292，5292点是上证指数本轮牛市的第四道坎，也是本轮牛市迄今为止最大的一道坎，其阻挡意义比之前的三道坎都更为重大，其可能的杀伤力绝不可低估。

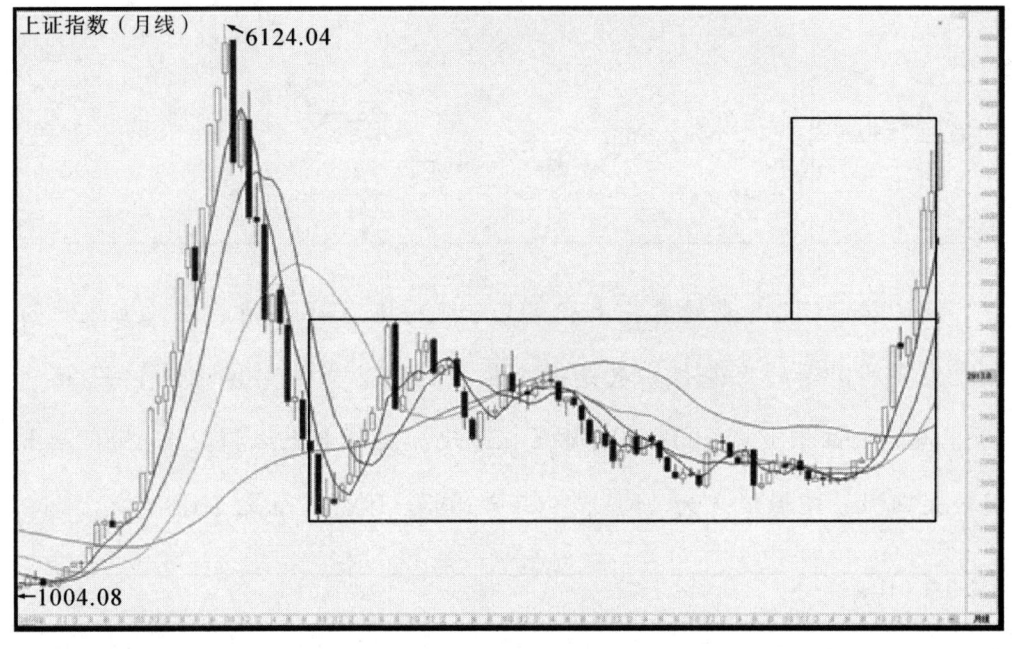

参照历史类似的案例，接下来的第四道坎很可能回撤自3049点至5292点上涨段的0.382或0.5，也即从5292点回撤至4435点或4170点。

当前位置距离5292点已经非常小，因此，在当前，规避、控制风险远比追求利润更为重要！

姚简明
2015年6月9日凌晨

第六章 二进制波动原理实操案例

小简：这一波行情您是自始至终都看对了，记得您在 2014 年 7 月份的一个内部视频就是专门分析上证指数，明确指出行情要来了。

大明：是的！我当时专门录制了一个小视频，从几个角度讲了这个问题：

首先，我认为上证指数从某种程度来说，跟当时的美元/日元汇率有很相似的地方，美元/日元在第一波下跌时，就已经完成了空间上的调整，剩下的就是时间的折腾了，时间到位，调整就结束（图 6-1-1）。上证指数也一样，上证指数早在 2008 年 10 月底的 1664 点，就已经完成了空间上的调整了，剩下的是形态的构筑和时间上的折腾等。形态方面就是完成了二次见底，波动低点 1849 点满足了 A≈B 的模式要求，最主要的还是时间上的折腾，时间到位，调整就宣告结束（见图 6-1-2）。

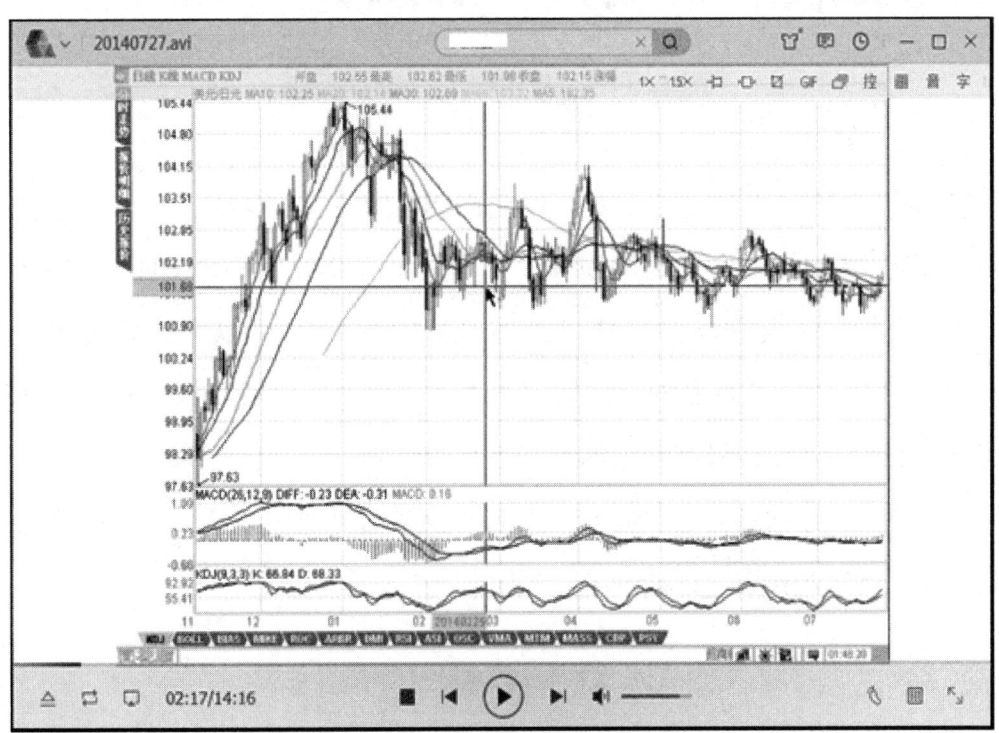

图 6-1-1

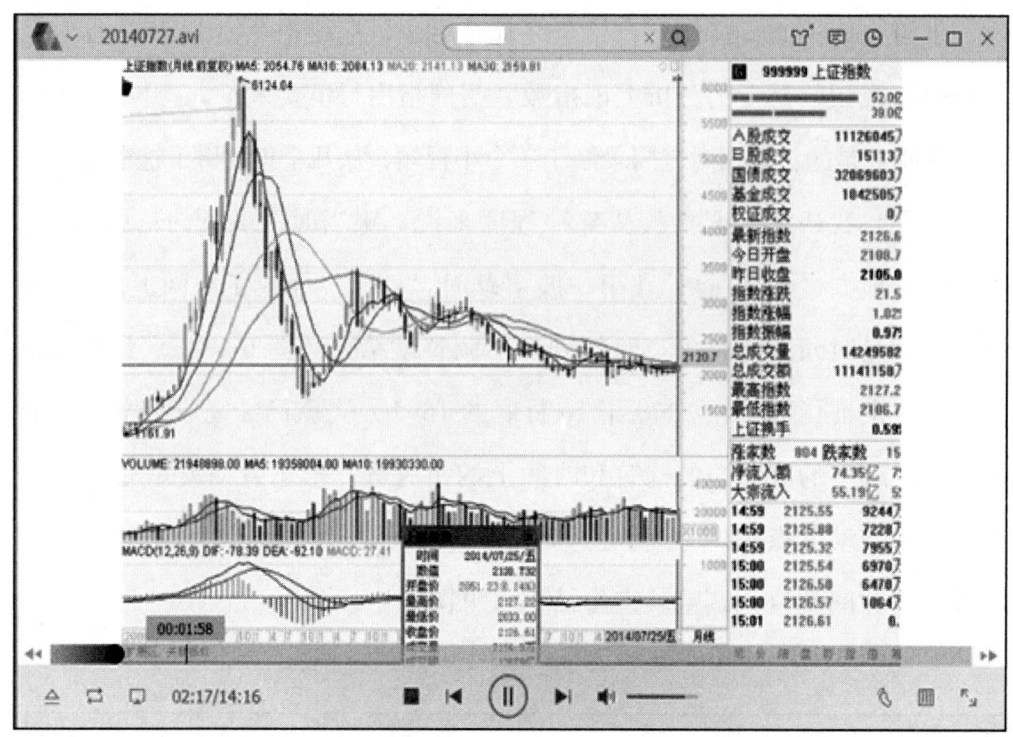

图 6-1-2

小简：是呀！当时您还分析了时间周期上的一些重要特点。

大明：是的，这方面暂不展开。另一方面，我从上证指数的年线图的形态上分析，认为它局部的技术形态（见图 6-1-3）可以类比跃岭股份（002725）2012 年 2 月底的日线图（见图 6-1-4），跃岭股份就是在出现了与当时上证指数年线极其相似的形态之后大涨的。

另外，我翻阅了流通市值前几十名的股票的月线图，认为它们基本上处于盘底待涨的状态（见图 6-1-5 至图 6-1-9）。

第六章 二进制波动原理实操案例

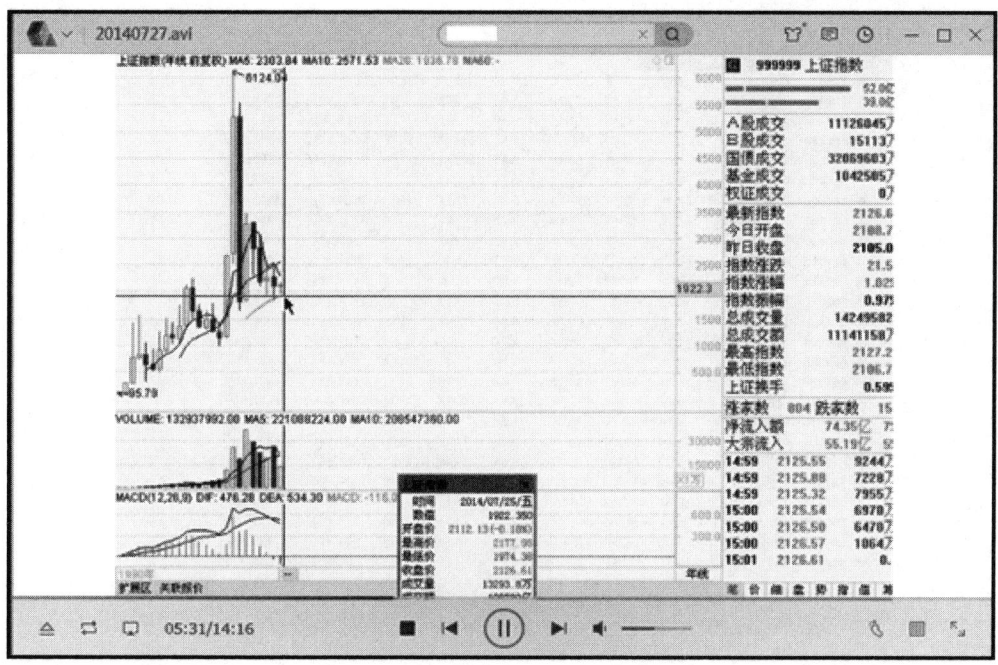

图 6-1-3

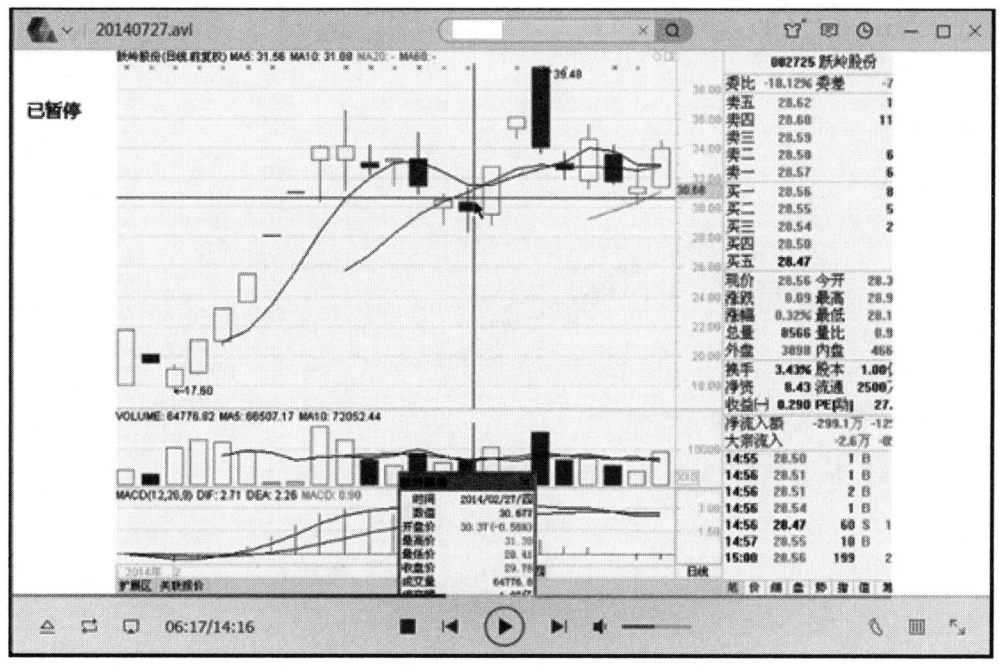

图 6-1-4

图 6-1-5

图 6-1-6

第六章 二进制波动原理实操案例

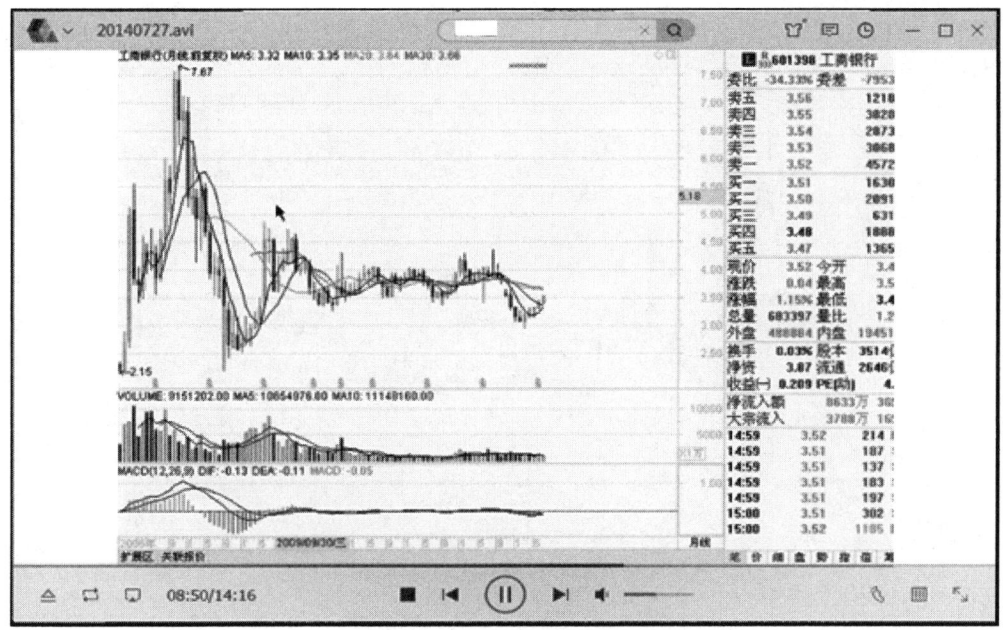

图 6-1-7

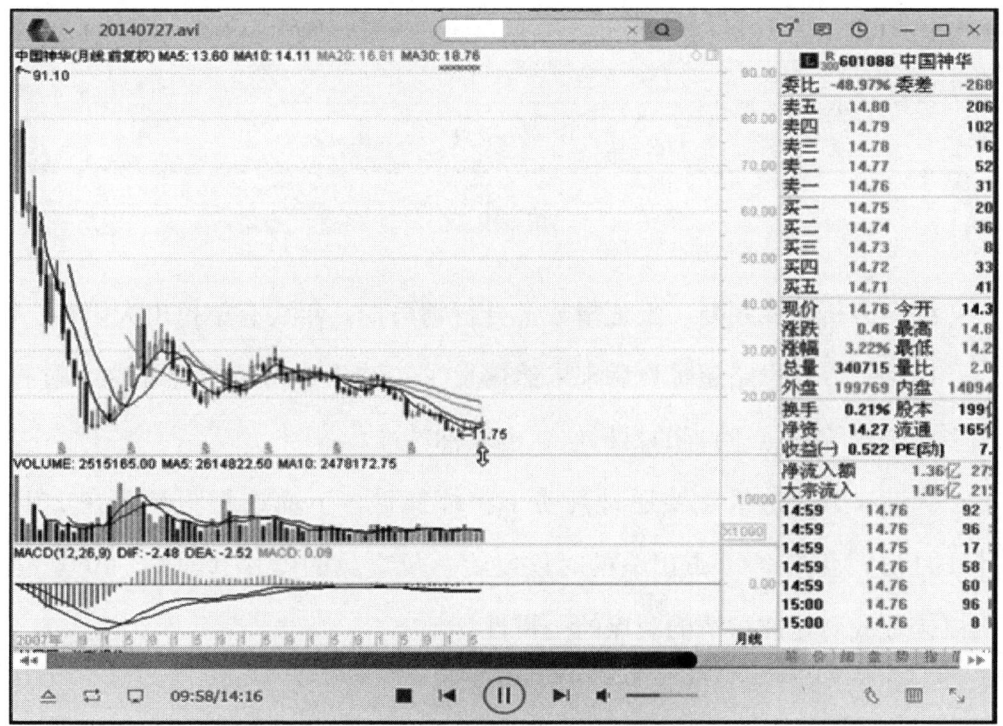

图 6-1-8

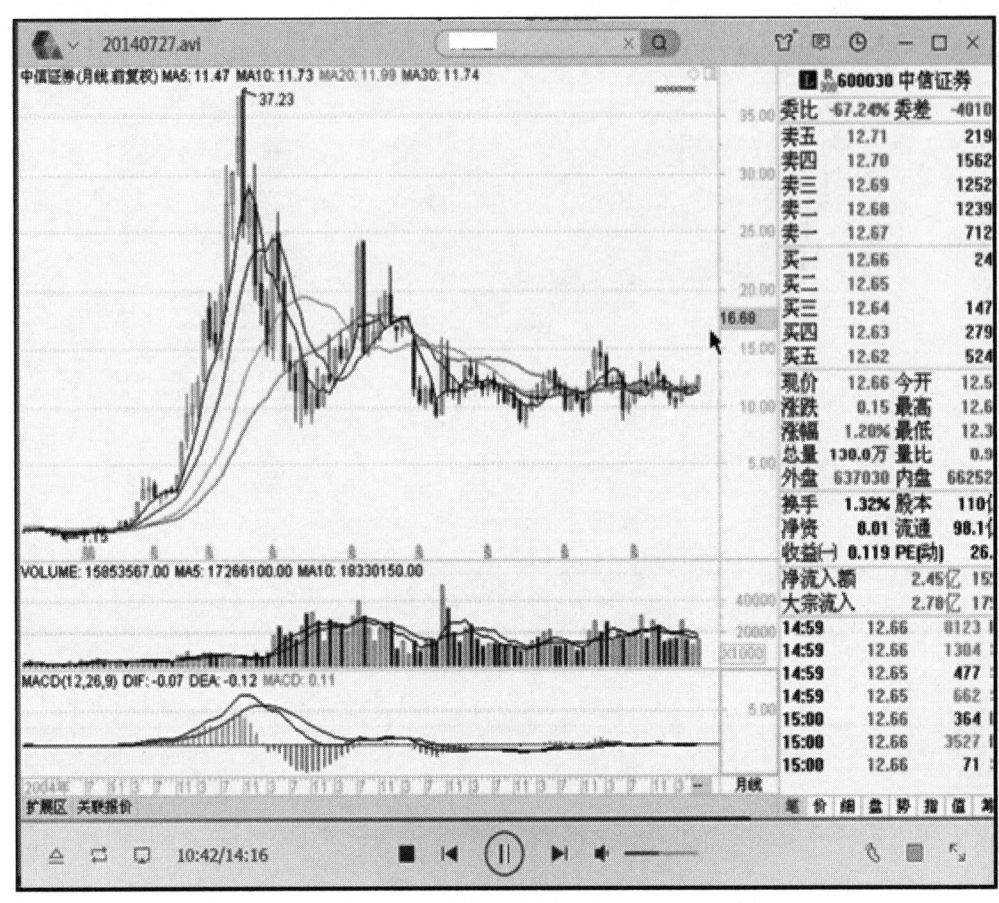

图 6-1-9

综合分析，我判断，上证指数上升行情可期，年线有望拉出大阳线。

小简：分析思路超赞！后来果然爆发了一波牛市行情。您在这个过程中多次提到5200点附近的目标位，也堪称精准！

大明：其实这最主要还是判明了箱体属性。下面这张图是我在2015年4月份大盘在4000点出头的时候发给一位学员的图片（图6-1-10），也可以佐证我对这波行情的观点的一贯性！

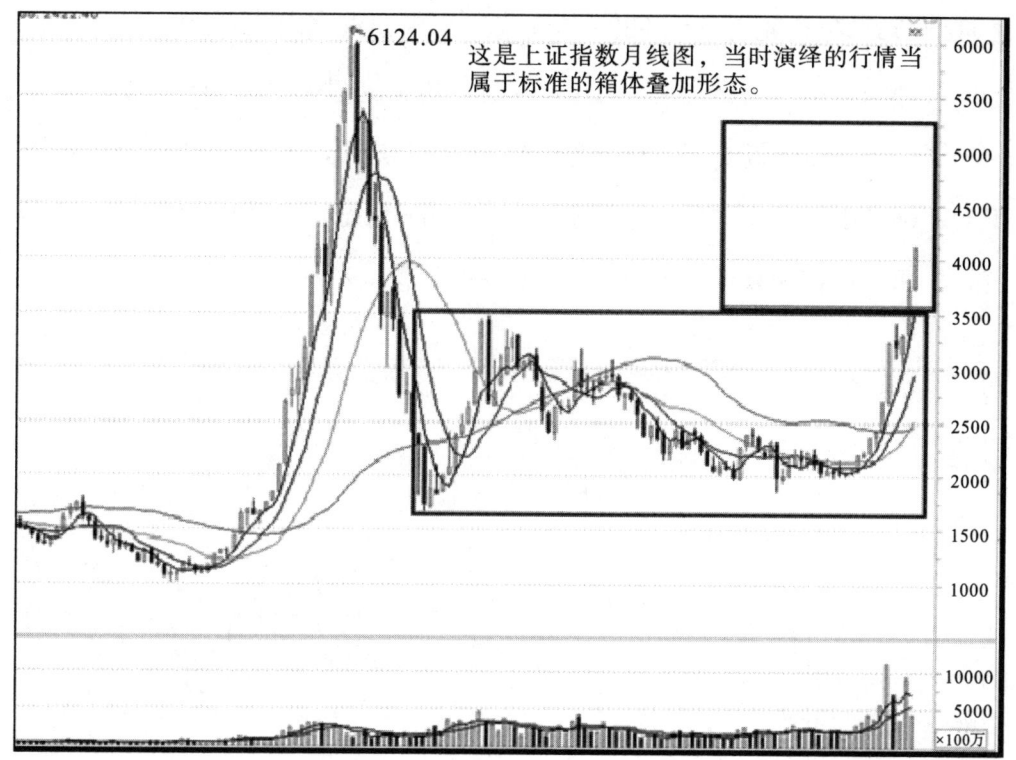

图 6-1-10

第二节 用二进制波动原理完成三大任务操作实例

大明：一个完整的投资方法有三大基本任务：其一为低风险捕捉价格转折点，其二为低误差识别价格转折点的性质，其三为充分利用可能发生的趋势行情。接下来，我们将通过实战案例，详细解读如何运用二进制波动原理在实际操作中解决这三大基本任务，达到稳定赢利的目的。

这是2007年操作英镑的案例。

北京时间2007年4月7日凌晨1点38分。我在盘中运用二进制波动原理判断英镑/美元将于1.9586美元附近出现拐点（图6-2-1）。

具体的理由是，从最高点1.9820起，价格走过两个明显的下跌小段。

第一小段自最高点1.9820美元至1.9715美元，下跌绝对值为0.0105美元；第二小段自1.9775美元起，至1.9668美元，下跌绝对值为0.0107美元。两者仅仅相差0.0002美元。

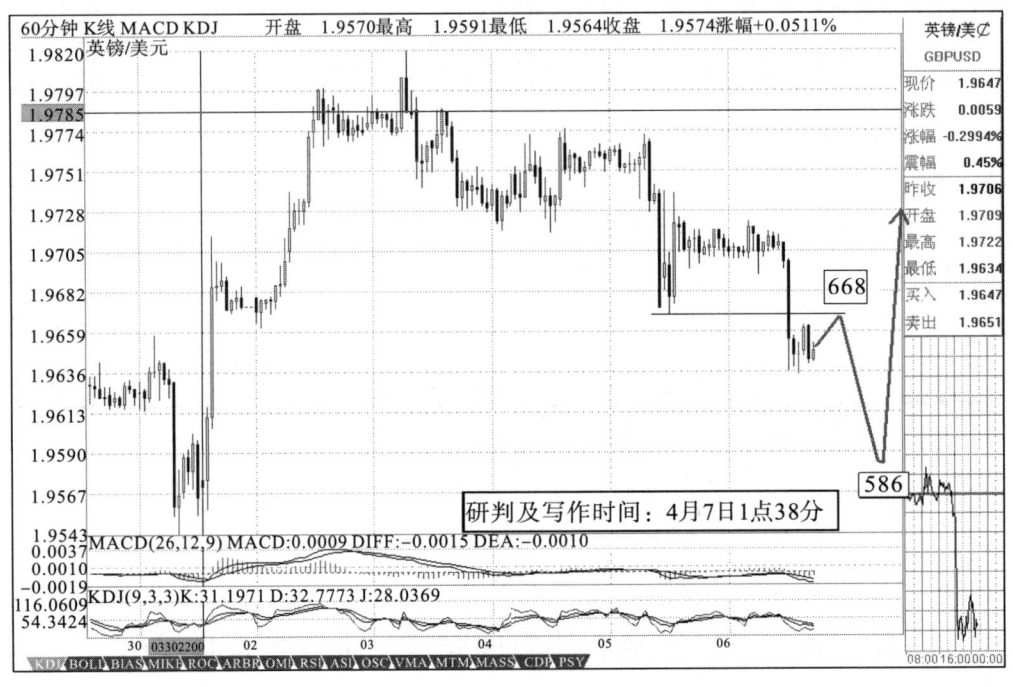

图 6-2-1

第一小段的起点至第二小段的终点构成了第一中段，即1.9820美元至1.9668美元。其下跌绝对值为0.0152美元。第二中段的起点为1.9738美元，由此可推知第二中段的终点将可能处于1.9738－0.0152＝1.9586美元附近（见图6-2-2）。

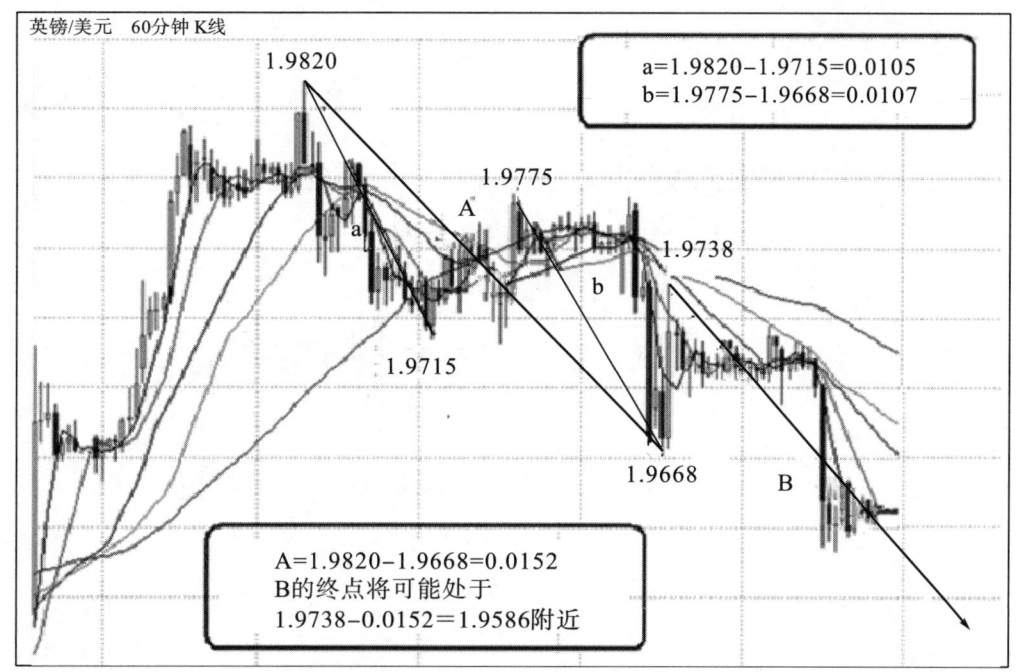

图 6-2-2

小简：在这个价格附近进场，就能做到低风险捕捉价格转折点！

大明：嗯！确认即将产生的拐点位置之后，就要思考接下来将会产生什么样的趋势行情（见图 6-2-3）。准确判断拐点的性质才能最大限度地利用未来可能发生的趋势行情，使交易成功更有确定性！由计算出来的低点，我们大致可以判断这波下跌，回撤至前面上涨段的折返 3/4 附近，一般结构内的回撤达到这个幅度，我们就要判断它如果向上突破的话，就很有可能到达叠一个箱体上去的位置（见图 6-2-4）。

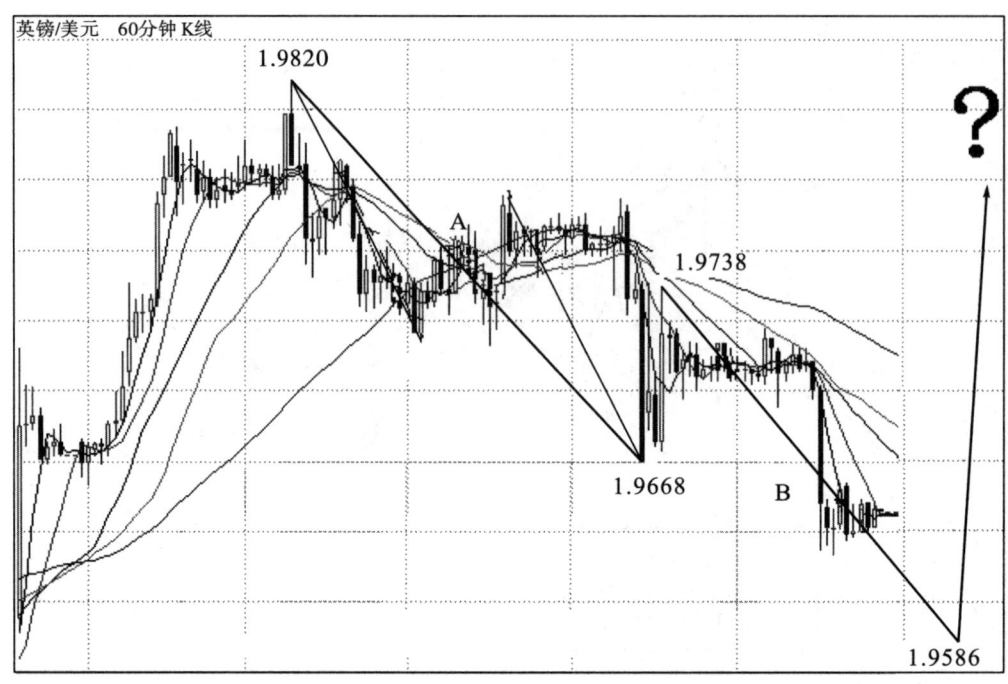

图 6-2-3

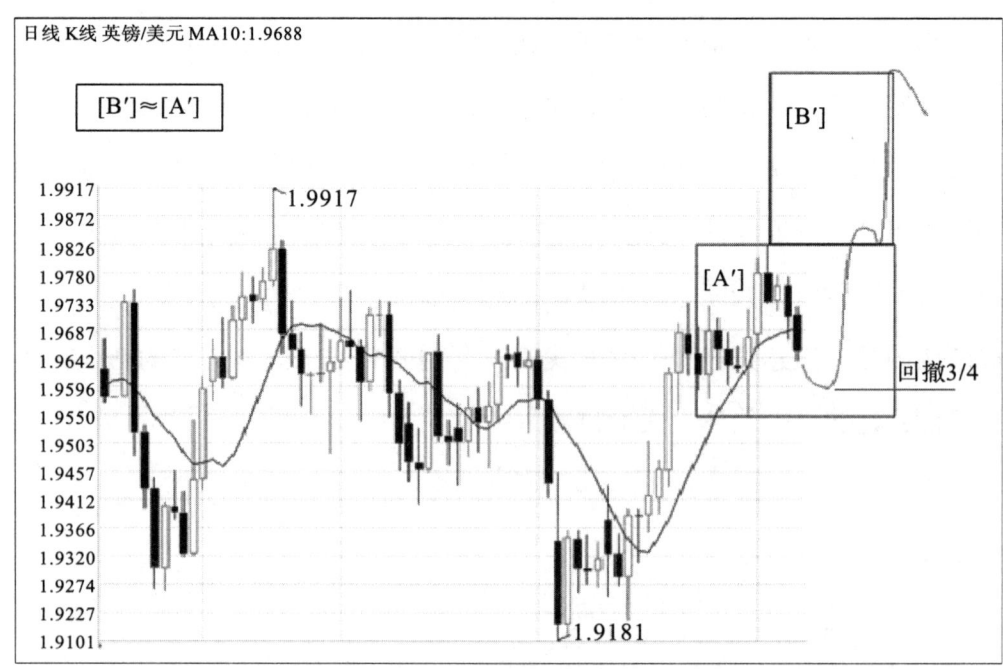

图 6-2-4

另外从它的推动过程看，这个品种前期属于"合二而一"模式，其中 1.9181 美元至 1.9359 美元为第一小段，上涨绝对值为 0.0178 美元；1.9257 美元至 1.9433 美元为第二小段，上涨绝对值为 0.0176 美元，两者仅仅相差 0.0002 美元。第一小段的起点至第二小段的终点，即 1.9181 美元至 1.9433 美元，构成第一中段，其上涨绝对值为 0.0252 美元；第二中段从 1.9211 美元至 1.9503 美元，上涨绝对值为 0.0292 美元，两者相差 0.0040 美元。

第一中段的起点至第二中段的终点，即 1.9181 美元至 1.9503 美元，构成第一大段，其上涨绝对值为 0.0322 美元；第二大段自 1.9395 美元起，至 1.9726 美元，其上涨绝对值为 0.0331 美元，两者仅仅相差 0.0009 美元（见图 6-2-5）。

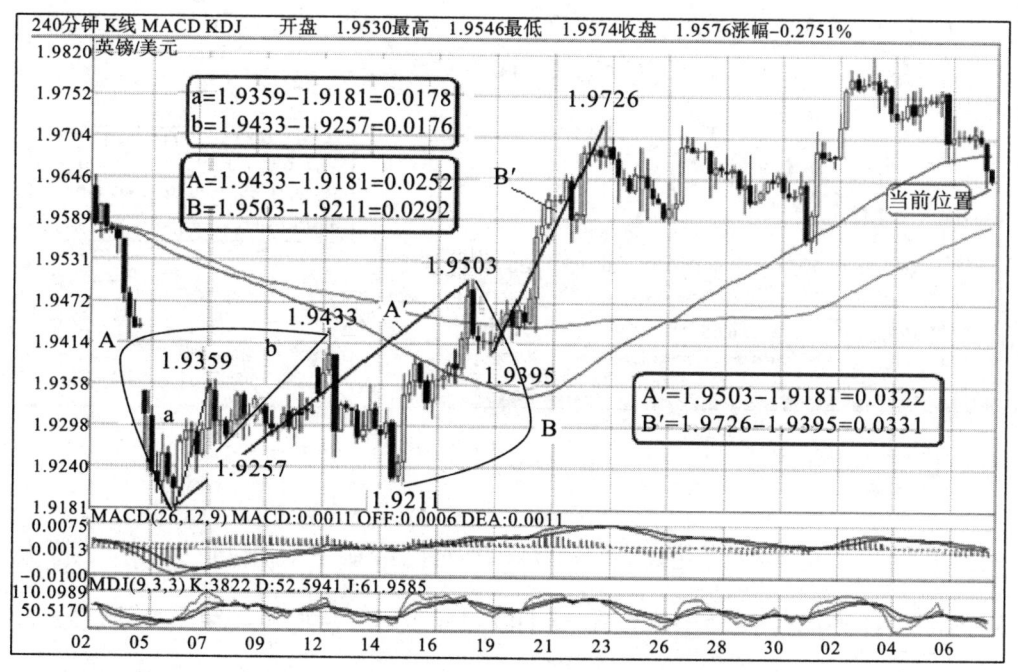

图 6-2-5

第一大段的起点至第二大段的终点，即1.9181美元至1.9726美元，构成第一特大段，其上涨绝对值为1.9726－1.9181＝0.0545美元。如果1.9543低点为第二特大段的起点确立的话，则未来第二特大段将可能上涨至1.9543＋0.0545＝2.0088美元附近。

而即将产生的拐点（1.9586附近）在1.9543美元之上，只要后续1.9543美元的低点不被打破，这个拐点将成为第二特大段内部某一级段的起点（见图6-2-6）。

图6-2-6

假设第二特大段的起点为1.9543美元已经确立，则目前在第二特大段内部已经走出了两个小段，第一小段自1.9543美元起，至1.9714美元，上涨绝对值为1.9714－1.9543＝0.0171美元。第二小段自1.9661美元起，至1.9820美元，上涨绝对值为1.9820－1.9661＝0.0159美元（图6-2-7）。

第二小段的上涨绝对值与第一小段的上涨绝对值仅仅相差 0.0012 美元。

由第一小段的起点 1.9543 美元至第二小段的终点 1.9820 美元构成的第一中段，绝对上涨值为 1.9820－1.9543＝0.0277 美元。

若未来 1.9586 美元附近的拐点确立，就将成为第二中段的起点。第二中段可能到达的位置为 1.9586＋0.0277＝1.9863 美元附近（见图 6-2-8）。

B″段最后目标位也即 B′段的最后目标位的确定，我们将根据 B 段实际到达的高点及其回调低点进行微调。

图 6-2-7

图 6-2-8

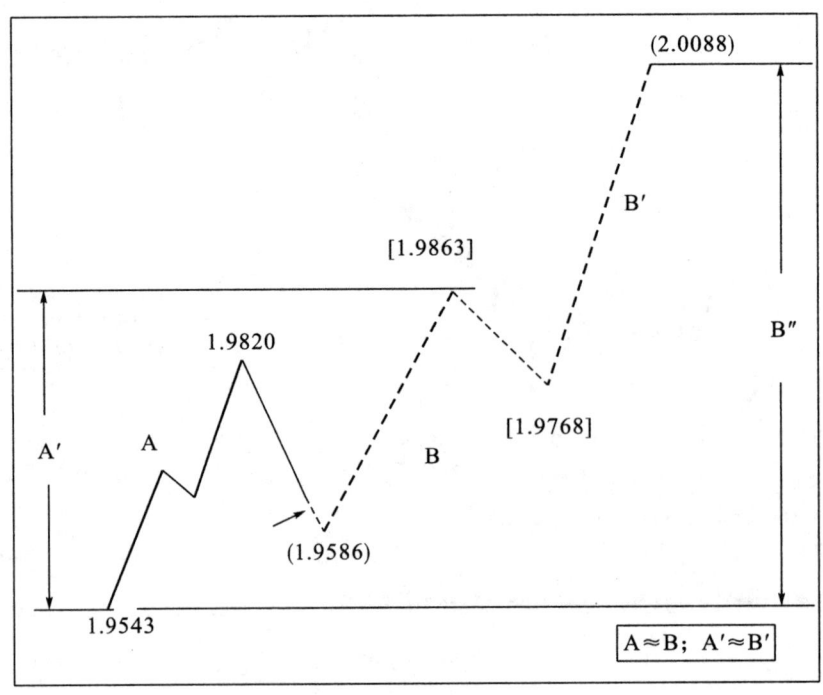

图 6-2-9　B″段走势虚拟图

图6-2-9中，箭头所指处为目前所处的位置，虚线部分是根据二进制原理虚拟的未来可能走势。图中带"（ ）"的数值为第一次估算的数值，带"［ ］"的数值是根据第一次估算出来的数值二次推导出来的。

英镑/美元在1.9590美元止跌见底，这与我们之前估算的1.9586美元仅仅相差4个点（见图6-2-10）。实战将按计划在预期的低点附近有序进场，二进制价格波动原理完全能够在实战中低风险地捕捉到价格转折点。

图6-2-10

该拐点极可能为B段的起点，故第一目标为B段的终点1.9863美元附近，并可顺延至第二目标，即B′段的终点（也即B″段的终点）2.0088美元附近。

英镑/美元在1.9590美元成功确立拐点之后，如期走出上升行情，B

段实际到达 1.9887 美元（见图 6-2-11），与我们估算出的结果 1.9863 美元，仅仅相差 0.0024 美元。

图 6-2-11

我们跟据 B 段实际到达的高点 1.9887 美元，及其随后回调到达的低点 1.9782 美元，微调 B′段的最后目标位也即 B″段的最后目标位。

因为 A′段的上涨绝对值为：1.9887－1.9543＝0.0344 美元，B′段的起点为 1.9782 美元，故 B′段可能到达的位置应微调至：1.9782＋0.0344＝2.0126 美元附近（见图 6-2-12）。

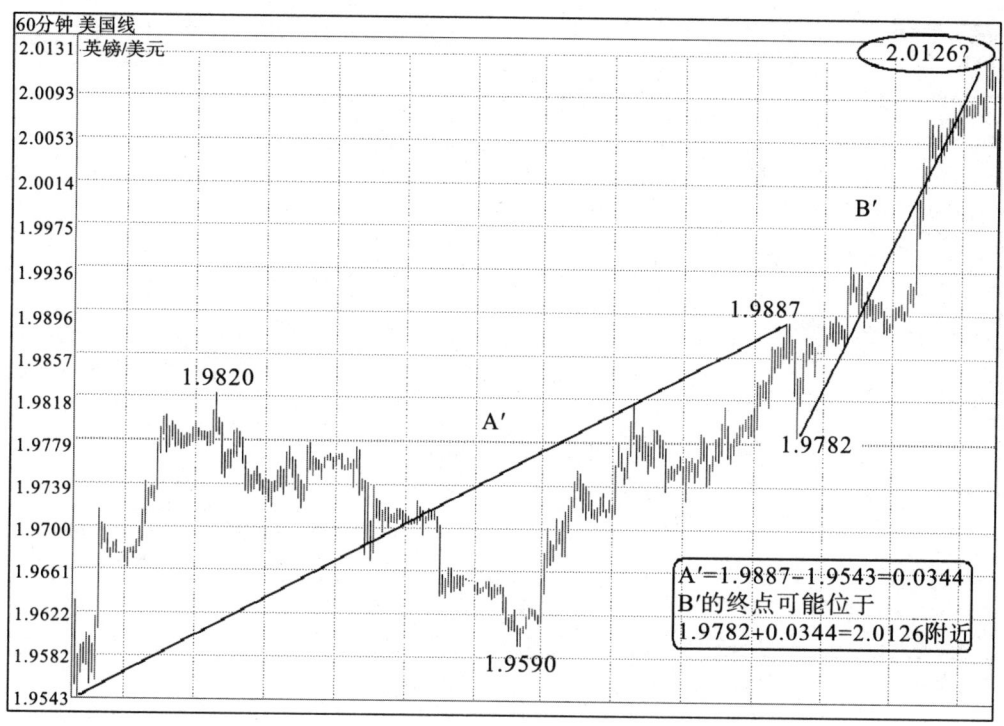

图 6-2-12

B′段实际到达 2.0131 美元（见图 6-2-13），与我们微调后的目标位 2.0126 美元，仅仅相差 0.0005 美元。与我们第一次估算的 2.0088 美元则相差 0.0038 美元。

实战中，本着谨慎的原则，我们在 2.0088 美元附近有序出场。

回顾这波行情的操作，我们捕捉到了 B″段自其内部 B 段起点 1.9590 美元直至 B″段的终点 2.0131 美元之间的绝大多数涨幅，单手赢利接近 500 点（见图 6-2-14）。

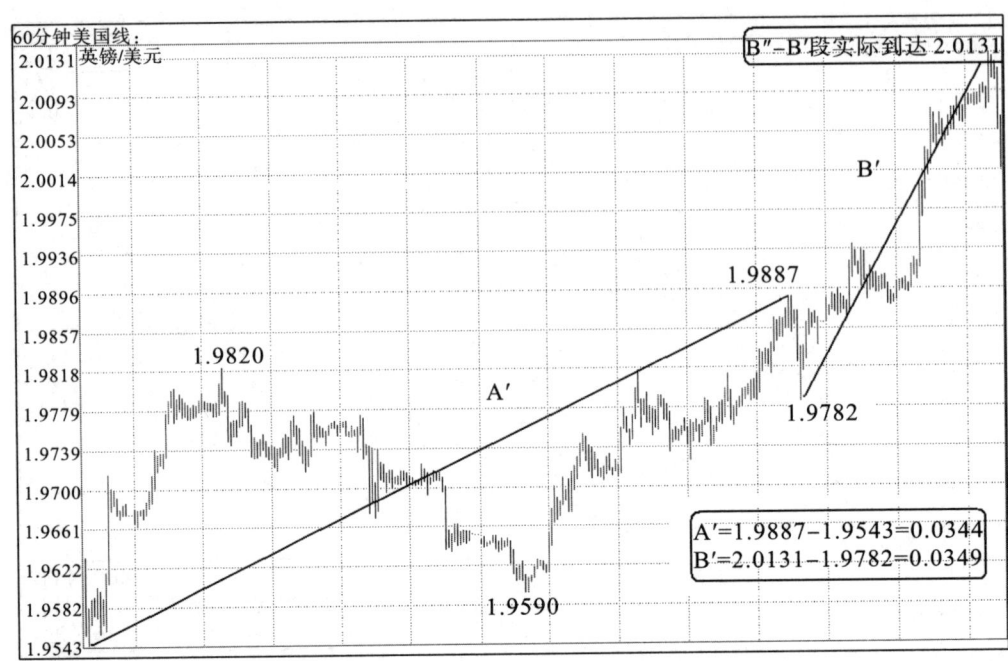

图 6-2-13

图 6-2-14

小简：这个案例真是绝佳的教材！把怎样捕捉拐点、怎样判断拐点性质及赚取波段利润三个方面发挥到淋漓尽致了！

简明交易记录

编号	070409	操作品种	GBPUSD
操作信号	B	信号安全度	++++
信号性质	B250　B'500	操作原则	A—B

进场位	1.9595	止损位	■■■■
执行单量	***	最大风险	■■
出场依据	B'1	出场位	2.0075
执行速度	进：A+　｜出：A+	盈亏金额	480***
加仓位	——	止损位	——
减仓位	——	减仓位	——

交易理由	如上
进场后 市场反应	一路顺风，无灾无难。
总结	本次操作基本无误，能正确地完成任务： 1. 价格拐点的判断准确，出手坚决。 2. 拐点性质的判断准确。 3. 持仓至目标位附近出局，实战中不追求卖在最高点，符合谨慎的操作原则。

第三节　2013年英镑/加元2000点行情研判实录

大明：2013年8月初，我长时间跟踪的英镑/加元给出了大多头信号，我判断其存在1500点到2500点的大多头行情，以下是2013年8月9日我为朋友提供该观点的对话记录截图（见图6-3-1）。

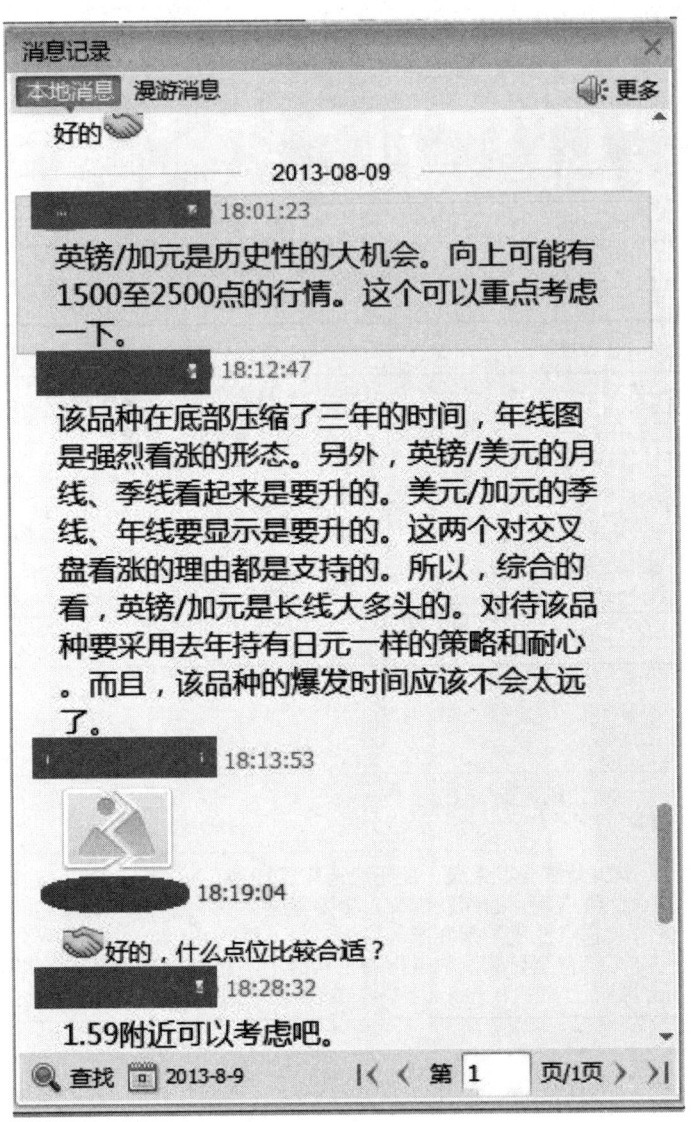

图 6-3-1

注：上面提到的"去年持有日元"是指持有美元/日元多头。

这个分析做出之后的第一、第二个交易日，即 2013 年 8 月 12 日及 13 日，该品种最低价为 1.5916，此后一路上涨，不到半年，上涨超过 2500 点（见图 6-3-2、6-3-3）。

第六章 二进制波动原理实操案例

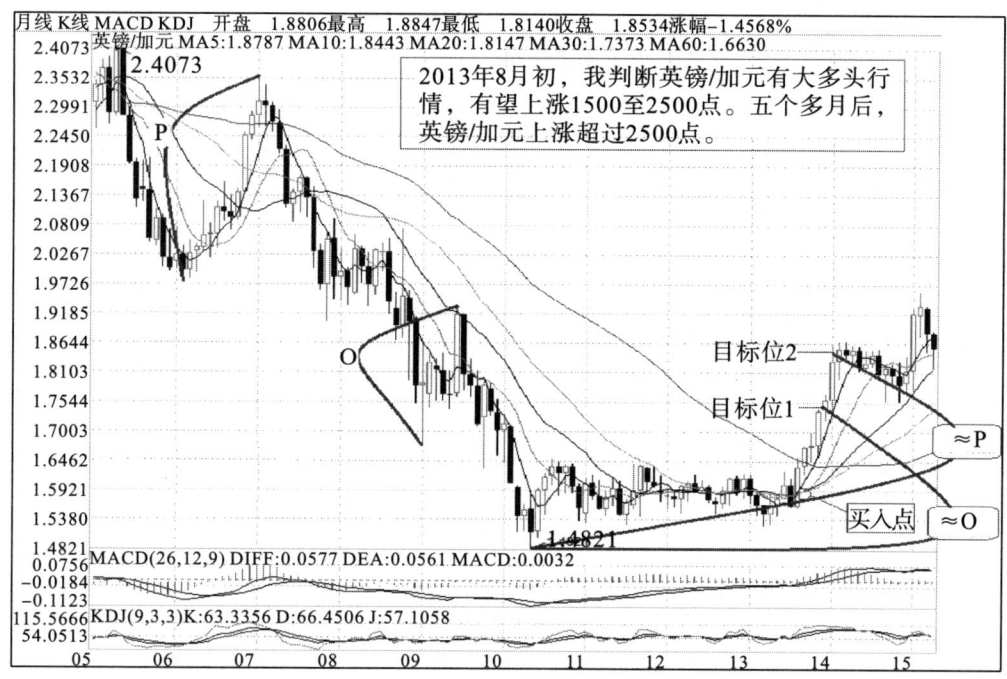

图 6-3-2

图 6-3-3

第四节 2014 年日元大多头行情研判实录

大明：2014 年 7 月底，我判断美元/日元将结束长达七个多月的调整，并正式向上突破。（也就是在这个时候，我同时做出了上证指数要大涨的判断！）

以下是我在 2014 年 7 月 28 日凌晨与朋友的对话记录（图 6-4-1）：

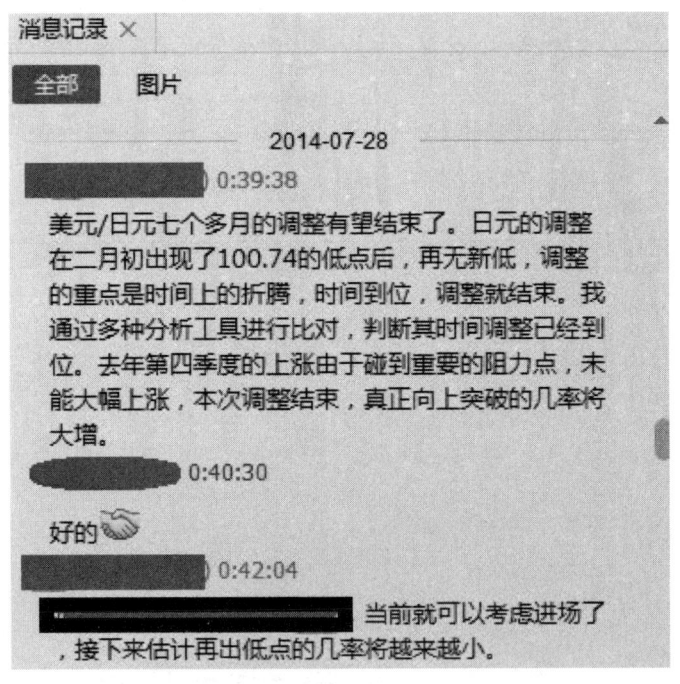

图 6-4-1

7 月 28 日之后，美元/日元上涨了 800 多点（图 6-4-2），10 月份出现了幅度较大的回撤，我在 10 月 20 日判断其回撤结束，有望突破前面 110 高点（图 6-4-3）。

第六章 二进制波动原理实操案例

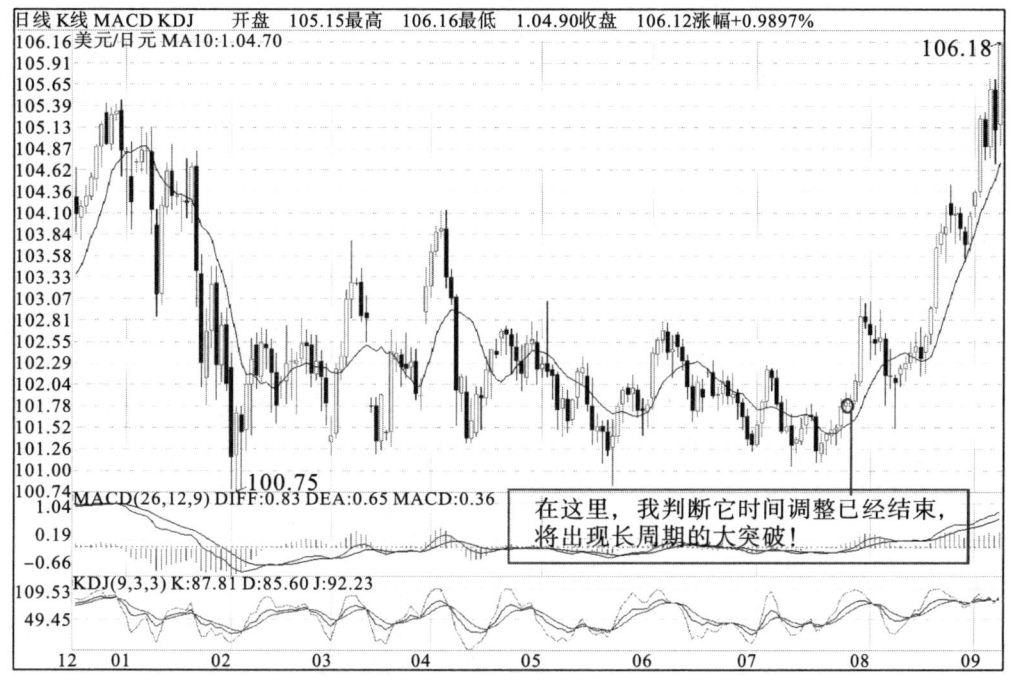

图 6-4-2

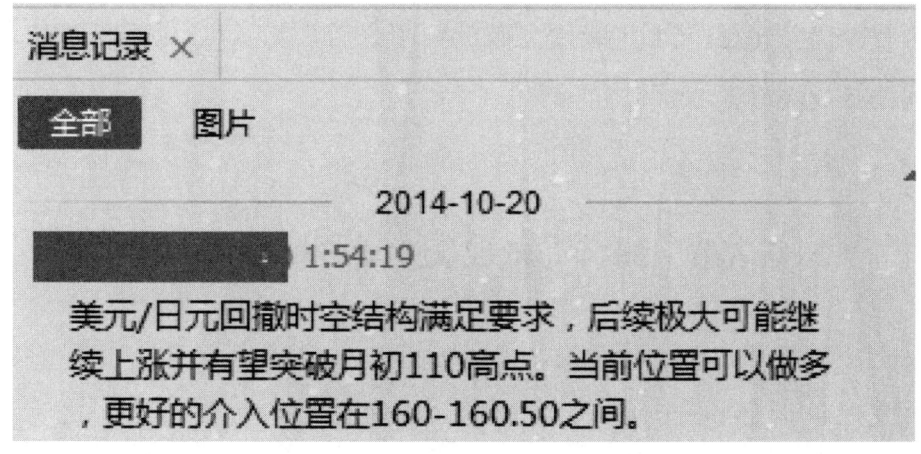

图 6-4-3

注：上图"160－160.50"为"106－106.50"的笔误。

10月21日，美元/日元出现了106.22的低点之后，一路上升，一个多月后，上涨超过1500点（见图6-4-4）！

图 6-4-4

我做出美元/日元要大级别突破的判断之后，美元/日元连续攀升，短短四个月大涨将近 2000 点。

第五节　2014 年欧元大空头行情研判实录

我在 2014 年 5 月中旬，判断了欧元将大跌数百甚至上千点，之后，欧元/美元一路大跌。（见图 6-5-1）。

图 6-5-2 是我当时为朋友提供该分析的对话截图。

第六章 二进制波动原理实操案例

图 6-5-1

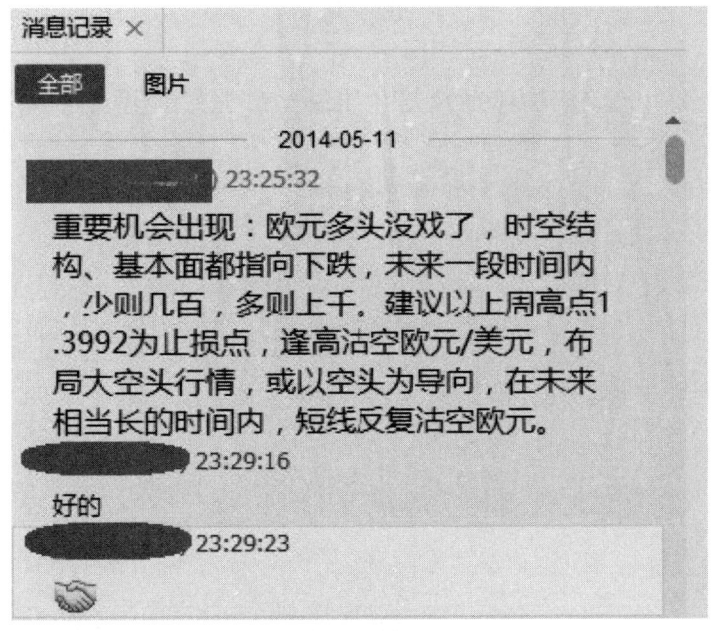

图 6-5-2

后续，欧元/美元开始超级大空头走势（图 6-5-3）！

图 6-5-3

运用姚简明时空架构体系及其"压缩－膨胀"模型经常能在起始阶段捕捉大级别行情。

后记

本书初稿完成将近一年，付梓之前又增加了一些新近的案例，大家可以看到，不管是十多年前的案例，还是最近的案例，内在结构并没有变化。我相信，再过 50 年，内部结构仍然稳定存在，二进制波动原理仍然有效！

借此机会，我要特别感谢林氏兄弟、铭浩兄一直以来对我的信任和支持！

本书的出版，离不开四川人民出版社的何朝霞老师和张东升老师的辛勤工作，我向他们表示感谢！

读者若有意了解我们的内部课程，可通过 QQ908017894 索取简章。

姚简明

2019 年 3 月 28 日